Wolfgang Stegmüller

Probleme und Resultate der Wissenschaftstheorie und Analytischen Philosophie, Band I
Erklärung – Begründung – Kausalität

Studienausgabe, Teil C

Historische, psychologische und rationale Erklärung
Verstehendes Erklären

Zweite, verbesserte und erweiterte Auflage

Springer-Verlag Berlin Heidelberg New York 1983

Professor Dr. Dr. Wolfgang Stegmüller
Hügelstraße 4
D-8032 Gräfelfing

Dieser Band enthält das Kapitel VI der unter dem Titel „Probleme und Resultate der
Wissenschaftstheorie und Analytischen Philosophie, Band I,
Erklärung – Begründung – Kausalität" erschienenen gebundenen Gesamtausgabe

ISBN 3-540-11808-X broschierte Studienausgabe Teil C
Springer-Verlag Berlin Heidelberg New York
ISBN 0-387-11808-X soft cover (Student edition) Part C
Springer-Verlag New York Heidelberg Berlin
ISBN 3-540-11804-7 gebundene Gesamtausgabe
Springer-Verlag Berlin Heidelberg New York
ISBN 0-387-11804-7 hard cover
Springer-Verlag New York Heidelberg Berlin

CIP-Kurztitelaufnahme der Deutschen Bibliothek
Stegmüller, Wolfgang: Probleme und Resultate der Wissenschaftstheorie und analytischen
Philosophie/Wolfgang Stegmüller. – Studienausg. – Berlin; Heidelberg; New York: Springer
Bd. 1. Erklärung – Begründung – Kausalität.
Teil C: Historische, psychologische und rationale Erklärung; Verstehendes Erklären. – 2., verb. u. erw. Aufl. –
1983.
ISBN 3-540-11808-X (Berlin, Heidelberg, New York)
ISBN 0-387-11808-X (New York, Heidelberg, Berlin)

Inhaltsverzeichnis

Von der gebundenen Ausgabe des Bandes „Probleme und Resultate der Wissenschafts-theorie und Analytischen Philosophie, Band I, Erklärung – Begründung – Kausalität" sind folgende weiteren Teilbände erschienen:

Studienausgabe Teil A: Das dritte Dogma des Empirismus. Das ABC der modernen Logik und Semantik. Der Begriff der Erklärung und seine Spielarten

Studienausgabe Teil B: Erklärung, Voraussage, Retrodiktion. Diskrete Zustands-systeme und diskretes Analogon zur Quantenmechanik. Das ontologische Problem. Naturgesetze und irreale Konditionalsätze. Naturalistische Auflösung des Goodman-Paradoxons

Studienausgabe Teil D: Kausalitätsprobleme, Determinismus und Indeterminismus. Ursachen und Inus-Bedingungen. Probabilistische Theorie der Kausalität

Studienausgabe Teil E: Teleologische Erklärung, Funktionalanalyse und Selbst-regulation. Teleologie: Normativ oder Deskriptiv? STT, Evolutionstheorie und die Frage Wozu?

Studienausgabe Teil F: Statistische Erklärungen. Deduktiv-nomologische Erklärun-gen in präzisen Modellsprachen. Offene Probleme

Studienausgabe Teil G: Die pragmatisch-epistemische Wende. Familien von Er-klärungsbegriffen. Erklärung von Theorien: Intuitiver Vorblick auf das struktura-listische Theorienkonzept

Kapitel VI
Historische, psychologische und rationale Erklärung

1. Unterscheiden sich historische Erklärungen prinzipiell von naturwissenschaftlichen?

Wir wenden uns jetzt ausdrücklich der Frage zu, ob und inwieweit sich historische Erklärungen von naturwissenschaftlichen Erklärungen unterscheiden. Immer wieder ist sowohl von Philosophen wie von Einzelwissenschaftlern die Eigenart und Besonderheit der historischen Erkenntnis hervorgekehrt worden. Eine solche Eigenart müßte sich insbesondere auch in der Art und Weise äußern, wie der Historiker die von ihm behandelten geschichtlichen Vorgänge zu deuten und zu erklären sucht. Nur auf diesen Fall der *Erklärung* wollen wir uns konzentrieren, also nicht beanspruchen, sämtliche Aspekte der historischen Erkenntnis zu berücksichtigen. Vielen wird der Verdacht als berechtigt erscheinen, daß die bisherigen Analysen, insbesondere auch das grundsätzliche Schema der wissenschaftlichen Erklärung mit all seinen später hinzutretenden Modifikationen, einseitig am Beispiel der naturwissenschaftlichen Erklärung orientiert waren.

Dafür, daß auch der Geschichtswissenschaftler Erklärungen liefern will, gibt es zahlreiche Symptome: Er verwendet Ausdrücke wie „daher", „weil", „weshalb", „wurde hervorgerufen durch", „bewirkte", also ähnliche Worte, die wir auch im Alltag gebrauchen, wenn wir einen Vorgang — vielleicht in einer nur sehr oberflächlichen und rudimentären Form — erklären. Bisweilen allerdings mögen einige dieser Ausdrücke bloß Anzeichen dafür sein, daß der Historiker für die von ihm aufgestellten *Thesen* logische oder induktive Begründungen versucht, nicht hingegen dafür, daß er Kausalbegründungen der von ihm geschilderten *Tatsachen* zu geben beansprucht. Dies zu betonen ist deshalb nicht ohne Wichtigkeit, weil historische Beschreibungen in der Regel einen viel hypothetischeren Charakter haben als naturwissenschaftliche Beschreibungen und somit viel problematischer sind als die letzteren. Wenn zwar auch in den sogenannten Naturbeschreibungen oder

Beschreibungen experimenteller Anordnungen hypothetische Komponenten enthalten sind (z. B. eine Theorie der Meßinstrumente), so handelt es sich doch fast immer um allgemein akzeptierte einfache Theorien; alles übrige ist mehr oder weniger unmittelbares Erfahrungsdatum. Der Historiker hat es demgegenüber fast immer mit Geschehnissen zu tun, an denen er selbst nicht teilgenommen hat und die er daher nicht selbst beobachten konnte. Die Begründung von beschreibenden Aussagen darüber, „wie es eigentlich gewesen ist", kann sich daher für ihn u. U. äußerst kompliziert gestalten und großes Raffinement an Verwertung geeigneten anderen Wissens, an Kombinations- und Deutungsvermögen, erfordern. Ungeachtet dessen aber ist nicht zu leugnen, daß er sich wenigstens in der Regel nicht mit einer rekonstruierenden Schilderung von Vorgängen zufrieden gibt, sondern darüber hinaus auch kausale Analysen zu liefern versucht. Nur das Schwergewicht ist je nach Fall verteilt: bei dem einen überwiegen die Beschreibungen, der andere wagt sich mehr in das Gebiet vielleicht etwas kühner Kausalhypothesen vor (wie z. B. bereits MAX WEBER).

Wenn das, was wir in I und II über wissenschaftliche Erklärungen sagten, richtig war, so dürfen historische Erklärungen aus dem dortigen Rahmen nicht herausfallen. Trotz des Augenscheins, der sich Geisteswissenschaftlern vielleicht aufdrängt, ist der Begriff der wissenschaftlichen Erklärung so eingeführt worden, daß er für sich allgemeine Anwendbarkeit in *allen* empirischen Wissenschaften beanspruchen kann. Auf Grund der früheren Überlegungen ergab sich allerdings, daß der Erklärungsbegriff in zwei Formen konstruiert werden kann. Der naheliegendere und der günstigere Weg schien der zu sein, unter einem erklärenden Argument einen solchen deduktiven oder induktiven Schluß zu verstehen, unter dessen Prämissen mindestens eine deterministische oder statistische Gesetzeshypothese vorkommt (und welches, das sei hier vorausgesetzt, die Liste der weiteren erforderlichen Adäquatheitsbedingungen erfüllt). Entschließt man sich dagegen dazu, den Begriff so weit zu fassen, daß die Suche nach einer Erklärung nicht nur die Suche nach „Realgründen" oder „Ursachen" zu bedeuten braucht, sondern darüber hinaus ganz allgemein die Suche nach Vernunftgründen einschließt, auf Grund deren das Explanandumereignis zu erwarten war, so hat man auch induktive Argumente ohne Gesetzesprämissen einzubeziehen[1]. Im historischen Fall dürfte man eher geneigt sein, die letztere Alternative zu wählen. Dies käme einer terminologischen Zweckmäßigkeitsentscheidung gleich, die zu einem wenn auch nur geringen Teil dafür verantwortlich zu machen wäre, daß historische Erklärungen manchen als prinzipiell verschieden von naturwissenschaftlichen Erklärungen erscheinen. Wie wir sehen werden, ist aber selbst bei Zugrunde-

---

[1] Es sei daran erinnert, daß für den Fall der *Voraussage* die Einbeziehung von Argumenten der letzteren Art von vornherein zugestanden wird.

legung des weiteren Erklärungsbegriffs auch im historischen Bereich der Normalfall der, daß die beiden Arten von Gesetzmäßigkeiten explizit oder implizit verwendet werden.

Die Gegenthese, daß historische Erklärungen von prinzipiell anderer Art seien als naturwissenschaftliche, wird sich trotzdem nicht ohne weiteres zurückweisen lassen. In den folgenden Diskussionen werden wir immer wieder auf die Frage zurückkommen, ob sich nicht von diesem oder jenem neuartigen Aspekt her eine Sonderstellung historischer Erklärungen ergibt. Zwei irrige Auffassungen sollen gleich hier vorweggenommen werden, damit die künftigen Betrachtungen davon unbelastet bleiben. Die erste ist die These, welche sich grob etwa so formulieren läßt: In der naturwissenschaftlichen Erkenntnis geht es stets um das *Allgemeine* (um „nomothetische Erkenntnis"), in der Geschichtswissenschaft dagegen um *individuelle Vorgänge in ihrer unwiederholbaren Einmaligkeit* (um „idiographische Erkenntnis"). Diese Auffassung ist in beiden Hinsichten unrichtig. Sofern unter der Rubrik „naturwissenschaftliche Erkenntnis" nichts weiter verstanden wird als die Aufstellung von empirischen Theorien, ist die erste Hälfte der These zwar cum grano salis richtig[2]. Doch in dem Augenblick, wo diese Theorien als Prämissen von wissenschaftlichen Systematisierungen, z. B. von erklärenden oder prognostischen Argumenten, fungieren, müssen geeignete Antecedensaussagen hinzutreten, die Namen oder sonstige Bezeichnungen von individuellen Objekten, Raum-Zeit-Punkten u. dgl. enthalten. Wichtiger noch aber ist das folgende: Wie wir an früherer Stelle (vgl. IV) gesehen haben, ist es nur eine vereinfachende, aber unkorrekte Redeweise, von der Erklärung von Ereignissen — im Sinn von „Wirklichkeitsstücken" — zu reden. Ein individueller Gegenstand, ein raum-zeitlich abgegrenztes Realitätsstück, kann niemals in seiner vollen Totalität erklärt werden. Was wir erklären, sind gewisse *Tatsachen über* diese individuellen Objekte. Dies zeigt sich darin, daß in den Antecedensbedingungen *Artbegriffe* als Prädikate verwendet werden müssen, und zwar sowohl im naturwissenschaftlichen wie im historischen Fall: Es ist nicht schlechthin von einem Ereignis an einer bestimmten Raum-Zeit-Stelle oder in einem namentlich charakterisierten Erfahrungsgegenstand (einem bestimmten Molekül, dem Planetensystem, einer historischen Persönlichkeit, einer politischen Union) die Rede, sondern dieses Ereignis ist als Ereignis *von einer bestimmten Art* charakterisiert (z. B. als eine Beschleunigung, ein Stromstoß, ein Temperaturrückgang, eine Sonnenfinsternis, ein Vulkanausbruch, eine Thronbesteigung, ein politisches Attentat, ein Vertragsabschluß, eine Wirtschaftskrise etc.). Daher kann es auch *weder* eine vollkommene Be-

---

[2] Die Ausnahme bilden die Naturkonstanten, welche individuelle Größen sind.

schreibung *noch* eine vollkommene Erklärung eines individuellen Ereignisses geben.[3] Zur vollkommenen Beschreibung des Ereignisses würde ja, wie bereits früher erwähnt, auch die Angabe seiner sämtlichen Relationen zu allen übrigen Ereignissen des Universums gehören, eine Aufgabe, die natürlich nicht zu lösen ist; a fortiori ist dann eine vollkommene Erklärung ausgeschlossen. In *dieser* Hinsicht kann also aus logischen Gründen kein Unterschied zwischen naturwissenschaftlicher und geisteswissenschaftlicher Erklärung bestehen. Wenn gesagt wird, daß der Historiker eine Persönlichkeit (z. B. Napoleon) oder einen geschichtlichen Vorgang (z. B. die Französische Revolution) in seiner „geschichtlich unwiederholbaren Einmaligkeit" erfasse, so ist darin entweder ein prinzipiell unerfüllbarer Erkenntnisanspruch ausgedrückt, oder ein zwar erfüllbarer, der aber in den naturwissenschaftlichen Disziplinen nicht weniger realisierbar ist.

Ein anderer gelegentlich begangener Irrtum betrifft den angeblich *teleologischen Charakter* historischer Erklärungen. Es wird darauf hingewiesen, daß wir häufig eine historische Tat durch Bezugnahme auf die Ziele, Zwecke, Intentionen, Motive der handelnden Persönlichkeiten erklären. Wir begründen, so wird argumentiert, die Handlung nicht durch einen WeilSatz, sondern durch einen Um-zu-Satz: „*X* tat *Y*, *um* das und das *zu* erreichen". Die kausale Betrachtungsweise habe der Zweck-Mittel-Betrachtung zu weichen.

In der Interpretation dieser These ist nun eine Unterscheidung zu machen: Entweder es soll hier behauptet werden, daß der zur Zeit des Stattfindens des zu erklärenden Ereignisses noch nicht verwirklichte künftige Zweck dieses Ereignis bestimmt. Dann ist diese Auffassung sicherlich unhaltbar[4]. Das Verhalten einer Person zum Zeitpunkt t_0 kann weder erklärt werden durch ein zu diesem Zeitpunkt noch nicht verwirklichtes Ereignis der Zielerreichung, das erst zu dem späteren Zeitpunkt t_1 stattfindet, noch durch ein Ziel „in abstracto", hinter dem keine realen Triebkräfte stecken. Vielmehr ist es zu erklären aus dem dieser Handlung zugrundeliegenden und bereits vor ihrer Verwirklichung vorhandenen *Wunsch*, dieses Ziel zu erreichen, verbunden mit gewissen *Überzeugungen* darüber, welche Mittel dafür zur Verfügung stehen und an welche moralischen und sonstigen Normen sich der Handelnde bei seinem Bemühen um Zielverwirklichung zu halten habe. Diese „teleologische Erklärung" ist also, falls man ihr keine mystische Deutung verleiht, keineswegs eine Erklärung sui generis, sondern ein spezieller Fall einer *kausalen* Erklärung: einer kausalen *Erklärung aus Motiven*. Bei der genaueren Analyse der Motivationskausalität treten eine Reihe

---

[3] Vergleiche dazu auch C. G. HEMPEL, [Aspects], S. 233.

[4] Es sei denn, sie wird in dem ganz anderen und unproblematischen Sinn der „formalen Teleologie" verstanden; vgl. dazu VIII.

von besonderen Problemen auf, mit denen wir uns noch eingehend beschäftigen werden, zum Teil in diesem Kapitel, zum Teil in VIII[5].

Kehren wir nun zu der eingangs formulierten Behauptung von der universellen Anwendbarkeit des H-O-Schemas der Erklärung zurück. Beispiele aus der *politischen Geschichte*, der *Sozial-* und *Wirtschaftsgeschichte*, aber auch aus spezielleren Bereichen wie der *Sprachgeschichte* scheinen zumindest prima facie diese These zu bestätigen. Am deutlichsten dürfte dies bei den Erklärungen ökonomischer Vorgänge zutage treten, da hier stets eine ausdrückliche oder stillschweigende Berufung auf ökonomische Gesetzmäßigkeiten vorliegt. So wird z. B. der Ausgleich der Zahlungsbilanz und die Stabilität der Wechselkurse zwischen zwei Staaten mit freier Wirtschaft und freier Währung bei Golddeckung mit Hilfe der bekannten Gesetze des Goldmechanismus erklärt[6]. Handelt es sich hierbei noch um ein Beispiel, das je nach der Lage des Falles entweder als Erklärung einer allgemeinen Gesetzmäßigkeit oder als Erklärung eines konkreten Vorganges gedeutet werden kann, so hätten wir es beispielsweise beim Versuch der Erklärung der Weltwirtschaftskrise vom Jahr 1929 eindeutig mit der Erklärung eines historischen Vorganges zu tun. Eine solche Erklärung müßte auf zahlreiche Antecedensbedingungen sowie allgemeine Gesetzmäßigkeiten Bezug nehmen. Zu den ersteren würde eine mehr oder weniger detaillierte Angabe der relevanten ökonomischen Situation in den Vereinigten Staaten, in Kanada und in den europäischen Wirtschaften zu dem fraglichen Zeitpunkt gehören, insbesondere die Schilderung der problematischen Kreditverhältnisse, der vorangegangenen Tendenzen zu übernormaler Produktionsausweitung in

---

[5] Einige Autoren lehnen es ab, wegen der skizzierten kausalen Interpretation in solchen Fällen überhaupt von Teleologie zu sprechen. Der Teleologie-Standpunkt wird von ihnen als falsch verworfen. Die hier vertretene Auffassung beruht keineswegs auf einer Abschwächung, sondern auf einer Verschärfung dieser Kritik. Von Zwecken zu reden, ohne daß ein „zwecksetzender Wille" angenommen wird, ist m. E. ein leeres Spiel mit Worten, so daß es sich hierbei überhaupt nicht um einen sinnvollen, wahren oder falschen, Standpunkt handelt. Wird aber einmal zugestanden, daß jedes Ziel und jeder Zweck ein zielsetzendes reales Wesen voraussetzt, so impliziert dies bereits, daß jede teleologische Erklärung der spezielle Fall einer kausalen ist. Man kann natürlich den terminologischen Beschluß fassen, den Ausdruck „Teleologie" nicht mehr verwenden zu wollen. Ein solcher Beschluß erscheint mir jedoch als wenig sinnvoll, da er künstlich einen Bruch mit der philosophischen Tradition forciert.

[6] Erklärungen von solcher Art sind häufig *zweistufige Erklärungen:* Es werden darin außer dem Vorgang selbst auch gewisse zur Anwendung gelangende Gesetzmäßigkeiten in dem Sinn erklärt, daß sie aus anderen Prinzipien abgeleitet werden. So z. B. werden die Gesetzmäßigkeiten des Goldmechanismus deduziert aus gewissen institutionellen Normen (Bestimmungen der freien Wirtschaftsverfassung und der Goldwährung) sowie Regeln für das Verhalten der beteiligten Wirtschaftssubjekte: Rationalität der Unternehmer beim An- und Verkauf von Waren wie von ausländischen Zahlungsmitteln bei gleichzeitiger Anerkennung der geltenden Rechtsnormen u. dgl.

gewissen Industriezweigen im Zuge des Nachkriegs-Nachholbedarfs und
der Mechanisierung, die Gründung zahlreicher Unternehmungen auf rein
spekulativer Basis in den vorausgehenden Jahren, das zufällige Zusammen-
fallen einer partiellen industriellen mit einer partiellen agrarischen Über-
produktion usw. Eine noch so vollständige Aufzählung dieser Faktoren
würde aber nicht genügen. Abermals müßten zahlreiche ökonomische
Gesetzmäßigkeiten angeführt werden und darüber hinaus weitere, z. B.
psychologische Gesetze, um das Verhalten der Unternehmer und anderer
Wirtschaftssubjekte an den Börsen, den Absatzmärkten, im Investitionssek-
tor usw. voll verständlich zu machen. Was für ein so komplexes Phänomen
wie die Weltwirtschaftskrise gilt, das gilt ebenso für einen spezielleren und
isolierteren Vorgang, wie z. B. den eines plötzlichen Preissturzes einer Waren-
gattung, die an einer Spezialbörse gehandelt wird[7]. Auch hier kann der Vorgang
nur so erklärt werden, daß neben den relevanten Antecedensbedingungen
ökonomische Gesetze, wie z. B. die sogenannten Marktgesetze: die Gesetze
des Angebotes und der Nachfrage, und die Gesetzmäßigkeiten des rationalen
und irrationalen Wirtschaftsverhaltens, etwa Gesetze über die Orientierung
des Verhaltens kleiner Unternehmer am Verhalten der großen oder über den
Ausbruch und die Verbreitung von Panikstimmungen, angeführt werden.

Wir finden in diesem Bereich auch Analogien zu jenen Fällen, in denen
wir nach einer Erklärung deshalb suchen, weil uns ein bestimmtes Ereignis
auf Grund unserer vermeintlichen oder ungefähren Kenntnisse auf einem
Sektor zunächst überrascht. Von dieser Art ist das Thermometerbeispiel:
Es kommt hier darauf an zu erklären, wieso die Säule eines in heißes Wasser
getauchten Quecksilberthermometers zunächst nach unten fällt und unmittelbar darauf ansteigt. Ein dementsprechender ökonomischer Vorgang
wäre etwa der folgende: Innerhalb einer Volkswirtschaft mit annähernd
freier Marktwirtschaft und relativ niedrigem durchschnittlichen Lohnein-
kommen werden aus irgendeinem nicht näher interessierenden Grunde die
Löhne heraufgesetzt. Kurz darauf beobachtet man, daß die Preise für bestimmte wichtige Lebensmittel, wie Kartoffeln und gewisse Mehl-
sorten, fallen. Wie ist dies zu erklären? Zunächst würde man ja ein Steigen
oder mindestens ein Gleichbleiben von Güterpreisen erwarten. Der Nationalökonom gibt für dieses unter der Bezeichnung „negative Nachfrageela-
stizität" bekannte Phänomen etwa die folgende Erklärung: Bei sehr niedrigem Lohnniveau müssen sich die Arbeiter, um ihre Familien ernähren zu
können, hauptsächlich auf billige Lebensmittel beschränken. Steigen ihre
Löhne, so können sie sich in stärkerem Maße teurere Lebensmittel und evtl.
gewisse Gebrauchsgüter leisten, deren Kauf ihnen früher unmöglich war.
Sie schränken daher zugunsten dieses neuen Konsums den Verbrauch bil-
liger Lebensmittel ein. So kommt es, daß die Preise der letzteren sinken,

---

[7] Für ein konkretes derartiges Beispiel, dessen Erklärung in amerikanischen
Zeitungen versucht worden war, vgl. C. G. HEMPEL [Aspects], S. 251 ff.

während andere Preise mehr oder weniger stark anziehen. Wenn man diese Erklärungen explizit macht, so treffen wir darin wieder die beiden bekannten Klassen von Aussagen an: Antecedensaussagen, die das bisherige Lohnniveau sowie die durchschnittliche Verteilung des Lohneinkommens auf den Kauf verschiedener Güterarten angeben, die ferner einen Bericht über das Ausmaß der Lohnerhöhung enthalten usw.; und Gesetzeshypothesen über das Funktionieren des Marktmechanismus und über die Dispositionen von Arbeiterschichten, auf Lohnerhöhungen bei dem gegebenen Ausgangsniveau mit solchen und solchen Änderungen der Kaufgewohnheiten zu reagieren.

Häufig werden die zitierten Regelmäßigkeiten statistischen Charakter haben; das Erklärungsargument wird daher meist nicht deduktiver Natur sein. Wie der letzte Hinweis im vorigen Beispiel zeigt, können ganz oder teilweise dispositionelle Erklärungen vorliegen. Auf dispositionelle Erklärungen stoßen wir auch im Bereich der politischen Geschichte, etwa wenn eine bestimmte Entscheidung Napoleons mit seinem Machtwillen erklärt wird. Wie sich auf Grund der Analysen in I ergeben hat, wird in solchen dispositionellen Erklärungen die Bezugnahme auf Gesetzmäßigkeit nur scheinbar vermieden.

Als letztes erwähnen wir ein Beispiel aus der Sprachgeschichte[8]. In Nordfrankreich gibt es eine Vielfalt von Worten, die gleichbedeutend sind mit dem Wort „Biene"; in Südfrankreich existiert dagegen nur das französische Standardwort „abeille". Wie ist dieser Unterschied zu erklären? Ein Erklärungsvorschlag lautet folgendermaßen: In der lateinischen Epoche wurde in Südfrankreich das mit unserem Wort „Biene" synonyme Wort „apicula" verwendet, während in Nordfrankreich das Wort „apis" im Gebrauch war. Auf Grund eines Ausspracheverfalles verwandelte sich das letztere in das einsilbige Wort „é". Es besteht die Tendenz, solche Wörter in einer Sprache zu eliminieren, insbesondere dann, wenn sie keine oder wenige Konsonanten enthalten, weil sie ständig Anlaß zu Mißverständnissen geben. Die Elimination geschieht durch Substitution anderer Ausdrücke, die aber von Gegend zu Gegend andere sind. Im Süden Frankreichs verwandelte sich „apicula" zunächst in „abelho", welches ein hinreichend klarer Ausdruck ist, um nicht mißverstanden zu werden; er wurde daher beibehalten und ging in das moderne Französisch in der Gestalt des Wortes „abeille" ein.

Auch hier findet man ohne Mühe die beiden Formen von Aussagen wieder. Die Gesetzeshypothesen dürften vermutlich nur aus statistischen Annahmen bestehen. Ebenso wie in den vorangehenden Beispielen ist allerdings diese Erklärung in verschiedenen Hinsichten eine bloße Skizze und daher unvollständig und zum Teil vage formuliert. Dagegen ist es interessant festzustellen, daß auch hier versucht wird, eine Erklärung zweiter Stufe

---

[8] Dieses Beispiel findet sich in BONFANTE, [Semantics, language].

einzuschieben. Es wird nicht schlechthin gesagt, daß einsilbige Wörter mit großer Wahrscheinlichkeit im Verlauf der Sprachentwicklung eliminiert werden, sondern für diese Behauptung wird selbst eine kurze Begründung gegeben, wie der obige Weil-Satz andeutet: derartige Wörter würden Anlaß zu Mißverständnissen geben.

Beispiele von der geschilderten Art bestätigen somit den Eindruck, daß historische Erklärungen nicht aus dem allgemeinen Rahmen wissenschaftlicher Erklärungen herausfallen, sondern daß sie trotz aller ihnen meist anhaftenden Ungenauigkeiten und Unvollständigkeiten wenigstens im Prinzip jenen Erklärungen und Systematisierungen gleichen, die wir in den Naturwissenschaften antreffen. Wenn wir dagegen den logisch-systematischen Erklärungsbegriff verlassen und zu den pragmatischen Erklärungsbegriffen übergehen, ergibt sich ein etwas anderes Bild. Wir haben in I, 1 auf die zahlreichen Bedeutungen des Ausdrucks „erklären" hingewiesen. Es handelt sich um eine Vielfalt von pragmatischen Begriffen, zwischen denen bestenfalls eine gewisse äußerliche Familienähnlichkeit besteht. Auf diese Vieldeutigkeiten stoßen wir nicht nur im Alltag, sondern ebenso in historischen Kontexten. Auch der Geschichtsforscher verwendet das Wort „erklären" häufig auf eine Weise, die mit dem logisch-systematischen Erklärungsbegriff kaum mehr etwas zu tun hat. Er sagt etwa, daß er eine mittelalterliche Zunftvorschrift erklären wolle, und meint damit, daß er das verdeutlichen werde, was mit dieser Vorschrift bezweckt wurde. Oder er erklärt, wie die alten Ägypter ihre Pyramiden gebaut bzw. wie die Römer die Wasserversorgung der Stadt Rom sichergestellt haben. Die Erklärung besteht darin zu zeigen, wie gewisse technische Leistungen mit den damaligen primitiven Mitteln erbracht werden konnten. Neben diesen Verwendungen von „Erklärung" im Sinn der Bedeutungserklärung oder Erklärung, wie etwas gemacht wird, findet sich gelegentlich auch die Erklärung im Sinne der Rechtfertigung[9] und vielleicht noch eine Reihe weiterer Verwendungen. Diesen liberalen Sprachgebrauch des Historikers im Auge zu behalten, ist nicht unwichtig. In den Naturwissenschaften stoßen wir demgegenüber auf eine viel engere Verwendung. Doch wäre es unsinnig, von dieser Basis aus die These zu verfechten, daß historische Erklärungen etwas ganz anderes bedeuten als naturwissenschaftliche Erklärungen. Was uns interessiert, ist nicht die Gleichheit oder Verschiedenheit im Sprachgebrauch der Forscher, sondern die Frage der Gleichheit oder Verschiedenheit von Tatsachenerklärungen im logisch-systematischen Sinn. Und in dieser Hinsicht schienen die Beispiele das zu bestätigen, was man die These von der prinzipiellen strukturellen Gleichheit von historischer und naturwissenschaftlicher Erklärung nennen könnte.

---

[9] Vergleiche dazu die zahlreichen Beispiele in J. PASSMORE, [Everyday Life].

2. Eine falsche Alternative: Geschichtsmetaphysik oder historische Erklärungsskepsis

Die Historiker sind größtenteils überzeugte Gegner der Auffassung, daß Gesetzeserkenntnisse für die Geschichtswissenschaft von Relevanz seien. Soweit hierbei nicht bloß die irrationale Angst vorherrscht, die eigene Disziplin zu einer angewandten Gesetzeswissenschaft degradiert zu sehen, hat diese Einstellung verschiedene Wurzeln. Eine davon dürfte, etwas scharf formuliert, das Schreckgespenst einer Geschichtsmetaphysik sein, welche die empirische Geschichtsforschung aufzusaugen droht.

Eine Überlegung von folgender Art ist hier maßgebend. Sollen historische Erklärungen analog den Erklärungen in den Naturwissenschaften in der Anwendung universeller Hypothesen von Gesetzescharakter bestehen, so müßte es *historische Gesetze sui generis*, also einen Typus von *spezifisch historischen Gesetzen* geben. Sie zu entdecken, würde dem Historiker obliegen. Nun gibt es zwar seit langem leidenschaftliche Verfechter der These von der Existenz spezifisch historischer Gesetze. Man findet sie sowohl bei Denkern, die sich selbst ausdrücklich als Metaphysiker bezeichnen (HEGEL), wie bei philosophierenden Historikern (SPENGLER), als auch bei solchen, die zumindest den Anspruch erheben, rein empirische Fachvertreter zu sein (TOYNBEE). Die meisten Geschichtsforscher werden jedoch auf den von solchen Denkern erhobenen Erkenntnisanspruch mit größter Skepsis reagieren. Sie werden entweder die Existenz solcher Gesetze leugnen oder sich selbst für inkompetent erklären, sie zu entdecken und zu begründen, und dieses Geschäft lieber dem Philosophen überlassen. Denn wie sollte der Prozeß der empirischen Bestätigung dieser Gesetzmäßigkeiten aussehen? Die aus der Geschichte bekannten Einzelfälle einer Generalisierung werden immer eine viel zu dürftige Basis bilden, um diese Generalisierung zu stützen. Und die Möglichkeit zu experimentieren hat der Historiker ja überhaupt nicht. Wenn man einerseits diesen Standpunkt einnimmt, auf der anderen Seite aber erkennt, daß für die adäquate Beantwortung historischer Warum-Fragen die Bezugnahme auf Gesetzmäßigkeiten unerläßlich ist, so scheint kein anderer Ausweg aus dem Dilemma zu bestehen als der, daß der strenge Historiker sich auf *reine Beschreibungen* zurückziehen müsse. Er habe sich darauf zu beschränken zu schildern, „wie es wirklich gewesen ist". Theoretische Manipulationen seien nur so weit zulässig, als sie diesem Ziel dienten, wie z. B. geeignete Auswahlen aus der Fülle des Stoffes zu treffen.

Diese radikale Alternative: „*entweder* Bekenntnis zu spekulativer Geschichtsmetaphysik *oder* gänzlicher Verzicht auf Erklärung von Vorgängen in der menschlich-geschichtlichen Sphäre und Beschränkung auf beschreibende Schilderung (historische Erklärungsskepsis)" beruht jedoch auf einer falschen Voraussetzung. Was nämlich unter diesem ziemlich vagen Ausdruck „historisches Gesetz sui generis" verstanden werden soll — gedacht wird hierbei z. B. an Prinzipien über den Aufstieg und Verfall von Kulturen, von Völkern und Nationen — und ob sich dieser Begriff überhaupt scharf präzisieren läßt, ist für unsere gegenwärtigen Betrachtungen vollkommen irrelevant. Die deterministischen und statistischen Regelmäßigkeiten, die der Historiker in erklärenden Argumenten, wie den obigen Beispielen, verwendet, *stammen aus allen möglichen anderen Wissenschaftsbereichen, sind also keinesfalls „spezifisch historische Gesetze".* Es kann sich um Gesetzmäßigkeiten über Vorgänge im menschlichen Bereich handeln (Gesetze der Individual- und Massenpsychologie, der Soziologie, ökonomische Gesetzmäßigkeiten), aber auch um Naturgesetze im Sinn physikalischer, chemischer oder biologischer Gesetzmäßigkeiten. Daß in vorgeschichtlicher Zeit eine Kultur vernichtet worden ist, mag z. B. darauf beruhen, daß das Heer des einen Volkes mit Bronzewaffen ausgerüstet war, während das des anderen bereits über Eisenwaffen verfügte. Für den Ausgang dieses geschichtlichen Ereignisses ist also weder die physische Übermacht der einen noch z. B. die bessere Strategie ihrer Feldherren verantwortlich zu machen, sondern physikalisch-chemische Beschaffenheiten der Bronze im Verhältnis zu denen des Eisens. Für den Ausgang eines Kampfes mag die Ernährungsanlage der miteinander ringenden Armeen maßgebend gewesen sein. Das Resultat einer Seeschlacht (z. B. der Schlacht von Salamis) kann u. U. vielleicht nur durch Berücksichtigung der Schiffskonstruktionen, also nur von Technikern zu beurteilender Merkmale, erklärt werden; in einem anderen Fall (z. B. beim Sieg der englischen Flotte über die spanische Armada) mag der Ausgang vielleicht durch die Richtung des Seewindes, also durch ein meteorologisch zu erklärendes Faktum, verursacht worden sein. Das Auftreten und Verschwinden von Seuchen, wie der Pest, die für die soziale, ökonomische und damit indirekt auch für die politische Entwicklung von größter Bedeutung gewesen sind, ist zweifellos ein rein biologisch zu erklärendes Phänomen.

Nur in dieser einen, rein praktischen Hinsicht in bezug auf das Interesse der Forscher unterscheidet sich also die Tätigkeit des Historikers von der des Naturwissenschaftlers: daß nämlich die Gesetze einem anderen Bereich entnommen werden, während die naturwissenschaftlichen Disziplinen Gesetze sowohl finden wie anwenden. Aber dieser Unterschied ist nicht nur rein äußerlich, er wird heute im Zeitalter des steigenden Spezialistentums zunehmend bedeutungslos, da auch in den naturwissenschaftlichen Bereichen kaum mehr eine Personalunion anzutreffen ist zwischen jenen, die Gesetze entdecken, und solchen, die sie in Systematisierungsargumenten anwenden, etwa um den Ausgang bestimmter Experimente zu erklären oder vorauszusagen (z. B. theoretischer Physiker einerseits, Experimentalphysiker und Astronom andererseits).

Es würde dem Historiker auch gar nichts nützen, sich in den Elfenbein-
turm der „reinen Beschreibung" zurückzuziehen. Um die Verwendung
genereller Gesetzeshypothesen würde er auf gar keinen Fall herumkommen,
mag ihm dies auch nicht bewußt werden, da er gewisse dieser Hypothesen
als so selbstverständlich betrachtet, daß er sie gar nicht ausdrücklich erwähnt. Der Grund dafür liegt darin, daß der Geschichtswissenschaftler die
vergangenen Ereignisse, mit denen er sich beschäftigt, nicht direkt beobachten und prüfen kann. Vielmehr ist er ausschließlich auf indirekte Methoden
angewiesen, die ihm den Rückschluß in die Vergangenheit ermöglichen[10].
Bei der Anwendung dieser Methoden muß notwendig von Naturgesetzen
Gebrauch gemacht werden. Hier kann man das Argument von D. HUME in
der umgekehrten Richtung anwenden, in der es ebenfalls gültig ist: So
wie es unmöglich ist, einen rein logischen Schluß von der Gegenwart auf die
Zukunft vorzunehmen, so kann man aus dem in der Gegenwart verfügbaren
Material keinen rein logischen Schluß in die Vergangenheit ziehen[11]. Und
in der Tat benützt der Historiker für seine Deutungen und Schlüsse nicht
nur alltägliches Gesetzeswissen, sondern macht in zunehmendem Maße von
neueren naturwissenschaftlichen Erkenntnissen Gebrauch: Methoden und
maschinelle Vorrichtungen zur Entzifferung von Geheimschriften können
mit Erfolg dazu verwendet werden, um vorher nicht deutbare Schriften zu
enträtseln. Für die Datierung vergangener Ereignisse oder für die Bestimmung des Alters eines Fundes kann man neben primitiven Mitteln, wie dem
Auszählen der Baumringe, Ergebnisse aus der Theorie des radioaktiven
Zerfalls benützen (C_{14}-Methode). Die Verfahren zur Überprüfung der Echt-
heit von Schriften, Münzen, Gemälden stützen sich ebenfalls hauptsächlich
auf physikalisch-chemische Theorien. In Archiven gibt es heute noch
Tausende von Papyrusrollen, die nicht gelesen werden können, da die Schrift
wegen schlechter Materialbeschaffenheit (Vergilbung, Versengung) nicht
sichtbar ist und mit den gegenwärtig verfügbaren Methoden auch nicht
sichtbar gemacht werden kann. Neue künftige Verfahren könnten diese vorläufig wertlosen Materialien wieder zum Leben erwecken und uns ein Wissen um dunkle Epochen weit zurückliegender Vergangenheit vermitteln,
uns vielleicht sogar neue sensationelle Aufschlüsse und Korrekturen zu
unserem Wissen über bekannte Epochen liefern. Alle Verfahren von der
angedeuteten Art stützen sich auf Prinzipien, die aus Naturgesetzen oder
umfassenderen naturwissenschaftlichen Theorien abgeleitet sind.

Der Gedanke einer reinen Beschreibung, in die kein allgemeines hypo-
thetisches Gesetzeswissen eingehen soll, ist somit im historischen Fall noch

---

[10] Vgl. dazu die prägnanten Bemerkungen bei C. G. HEMPEL, [Aspects], S. 243.
[11] Der Leser möge sich hier jedoch daran erinnern, daß eine Präzisierung
dieser Feststellung die Lösung des früher angedeuteten N. Goodmanschen
Problems „worüber spricht ein Satz?" voraussetzt. Humes These ist ebenfalls
mit diesem Problem belastet.

fiktiver als im naturwissenschaftlichen. Die beiden Stufen wissenschaftlicher
Welterkenntnis: Beschreibung und Theorienkonstruktion, sind unlösbar
miteinander verwoben und lassen sich nicht methodisch trennen, wie sehr
dies einigen auch als wünschenswert erschiene. Ebensowenig können, wie
die historischen Erklärungen zeigen, die einzelnen Wissenschaftsgebiete als
autonome Gebiete voneinander abgegrenzt werden. Aus diesem Grunde
sprechen einige Vertreter der Analytischen Philosophie auch von der
methodischen Einheit der Wissenschaften.

Müssen aber bereits, um eine Schilderung des tatsächlichen Geschehens-
ablaufs zu gewinnen, Gesetzeserkenntnisse aus anderen Disziplinen herangezogen werden, so besteht um so weniger Grund dafür, aus Angst vor dem
Hineinschlittern in eine spekulative Geschichtsmetaphysik eine historische
Erklärungskepsis zu vertreten oder einen neuartigen Erklärungsbegriff
ohne Gesetze zu propagieren. Die Behauptung, daß auch in historischen
Erklärungen die beiden angeführten Arten von Gesetzmäßigkeiten verwendet werden, ist vollkommen neutral gegenüber der viel weiter reichen-
den These von der Existenz spezifisch historischer Gesetze.

3. Erklärungen, Erklärungsskizzen und Pseudoerklärungen

Ein weiterer Grund dafür, daß Historiker gewöhnlich hartnäckig leug-
nen, in ihren Erklärungen von Gesetzen Gebrauch zu machen, liegt darin,
daß solche Gesetzmäßigkeiten häufig nicht ausdrücklich erwähnt sind. In diesem
Punkt ähneln zwar nicht alle, jedoch viele historische Erklärungen den
Erklärungen des vorwissenschaftlichen Alltags. Bisweilen sind es identische
Formulierungen, die im einen wie im anderen Fall gebraucht werden. Daß
die „Titanic" gesunken ist, weil sie auf einen Eisberg stieß, ist z. B. eine
Äußerung, die nicht nur im Alltag, sondern auch in einer historischen Ab-
handlung vorkommen kann. HEMPEL drückt diesen Sachverhalt so aus:
Historiker liefern in der großen Mehrheit der Fälle keine Erklärungen, sondern bloße *Erklärungsskizzen.* Eine Erklärungsskizze ist etwas Unvoll-
ständiges und Ergänzungsbedürftiges, also eine „unvollkommene Erklärung" in der zweiten der in I,5 verwendeten Wortbedeutungen. Die Unvollständigkeit kann die Antecedensbedingungen oder die relevanten Gesetzesmäßigkeiten betreffen; meist liegt eine Unvollständigkeit in beiden
Hinsichten vor. Was uns hier interessiert, ist die Unvollständigkeit in bezug auf die ausdrückliche Anführung der benötigten Gesetzesprämissen.

Diese Unvollständigkeit kann mehrere Wurzeln haben. Erstens können relevante Gesetze in der gegebenen Erklärung implizit enthalten sein.
Dies ist z. B. der Fall bei den dispositionellen Erklärungen, auf die man etwa

stößt, wenn geschichtliche Handlungen und Ereignisse auf Charaktereigenschaften und Motivationen der beteiligten Personen zurückgeführt werden. Zweitens können die fraglichen Generalisierungen, insbesondere wenn sie aus dem psychologischen Alltag stammen, stillschweigend als so selbstverständlich betrachtet werden, daß ihre ausdrückliche Erwähnung unterbleibt. Drittens kann der Historiker, etwa wenn es sich um naturwissenschaftliche und technische Details handelt, der Auffassung sein, daß es nicht seine Aufgabe sei, an dieser Stelle tiefer zu bohren, da ein geeigneter Fachmann die Erklärung ohne weiteres vervollständigen könnte. Vor allem aber kann es viertens der Fall sein, daß es im gegenwärtigen Zeitpunkt gar nicht möglich ist, die durch das verfügbare Erfahrungsmaterial gut bestätigten generellen Hypothesen, auf die sich die Erklärung gründet, präzise zu formulieren. Man hat nur eine ungefähre Vorstellung von der zugrundeliegenden Regularität oder kann die Gesetzesmäßigkeiten infolge ihrer Komplexität nicht angeben.

Wenn jemand z. B. die Tatsache, daß Tiroler Bergbauern in nicht vom Fremdenverkehr erschlossenen Gebieten in zunehmendem Maße ihre Höfe verlassen und in andere Gegenden wandern, damit erklärt, daß die Lebensbedingungen auf Grund von Vermurungen, Erdrutschen, Lawinen u. dgl. von Jahr zu Jahr härter werden, so schwebt ihm eine Generalisierung vor, die ungefähr so ausgedrückt werden könnte: „Menschen streben danach, in Gegenden auszuwandern, die ihnen bessere Lebensbedingungen bieten". Nimmt man diesen Satz wörtlich, so ist er empirisch nicht gestützt und natürlich auch nicht richtig; er kann daher in einer adäquaten Erklärung nicht als Prämisse fungieren. Selbst wenn man auf eine statistische Regelmäßigkeit ausweichen wollte, würde es in einem Fall wie dem vorliegenden außerordentlich schwierig sein, diese so zu formulieren, daß sie *als hinreichend klar empfunden* wird, *empirisch gut bestätigt* ist und die gegebene Begründung in ein *korrektes statistisches Argument* verwandelt. Oder wenn eine Revolution u. a. mit der zunehmenden Unzufriedenheit breiter Bevölkerungsteile mit den bestehenden ökonomischen Verhältnissen erklärt wird, so schwebt dem Erklärenden ebenfalls eine gewisse Regularität über den Zusammenhang von schlechten Lebensbedingungen und politischen Umstürzen vor. Wir sind aber kaum in der Lage zu sagen, „welches Ausmaß und welche spezifische Form die Unzufriedenheit anzunehmen hat, und welche Umweltbedingungen herrschen müssen, um eine Revolution hervorzurufen"[12]. Man könnte in solchen Fällen sagen, daß der Forscher an die Existenzhypothese appelliert, es gebe eine geeignete Regularität, daß er aber einen Einzelfall dieser Hypothese nicht aufzuweisen vermag.

Vor allem der vierte Grund und die beiden zur Illustration hinzugefügten Beispiele zeigen, daß es nicht sehr sinnvoll wäre, an eine historische

---

[12] C. G. Hempel, a. a. O. S. 237.

Erklärung zu hohe Anforderungen zu stellen, um sie als korrekte Erklärung akzeptieren zu können. Von einer logischen Deduktion wird selbst in idealen Fällen kaum die Rede sein können, weil die benützten Regelmäßigkeiten und Theorien in der überwiegenden Mehrzahl der angebbaren Beispiele — einige Autoren behaupten sogar: in *allen* Beispielen — bloß statistischen Charakter haben. Und eine statistische Erklärung ist ein induktives und kein deduktives Argument. An die prinzipiellen Überlegungen in II anknüpfend, könnte man noch einen Schritt weiter gehen und fragen, ob denn nicht alle Formen induktiver Argumente für historische Erklärungszwecke zugelassen werden sollen, *auch solche, die nicht einmal statistische Prinzipien enthalten*. Für prognostische Zwecke können derartige Argumente in jedem Fall benützt werden. Nur bei Verwendung für Erklärungen haben wir gewisse Hemmungen, weil induktive Argumente bloße „Vernunftgründe" liefern, während wir von Erklärungen in der Regel erwarten, daß sie wenigstens teilweise „Realgründe" oder Ursachen bereitstellen. Angesichts der großen Schwierigkeiten, für viele historische Erklärungen die zugrundeliegenden Gesetzeshypothesen adäquat zu formulieren, erschiene es nicht als unvernünftig, den Begriff der historischen Erklärung in einer sehr weiten Fassung einzuführen: Eine Erklärung von E auf Grund von Antecedensdaten $A_1, \ldots, A_n$ läge danach dann vor, wenn das Explanandumereignis auf Grund dieser Antecedensereignisse *zu erwarten war* und zwar zu erwarten entweder im Sinn eines rein intuitiven und nicht weiter definierten oder im Sinn eines formal präzisierten Bestätigungsbegriffs.

Auf der anderen Seite darf auch die roheste und unvollständigste Erklärungsskizze nicht zu einer *Pseudoerklärung* werden. Wodurch unterscheidet sich beides? Dies ist eine schwierige Frage. Es dürfte vorläufig nicht möglich sein, ein scharfes Kriterium für den Unterschied zu formulieren. Doch kann man immerhin soviel über den Unterschied aussagen, daß er für die praktisch wichtigen Anwendungsfälle hinreichend deutlich wird.

Eine Erklärungsskizze kann nach dem Gesagten von zweierlei Art sein: Entweder wurden gewisse Details aus Gründen der Kürze und Einfachheit oder aus einem anderen Grunde weggelassen, stünden aber prinzipiell zur Verfügung. Oder diese Details sind vorläufig unbekannt, die Gesetze können jetzt noch nicht in der benötigten Form artikuliert werden etc. Nur für den zweiten Fall stellt sich das Abgrenzungsproblem. Hempel charakterisiert den Unterschied so: Ist eine solche Erklärungsskizze auch lückenhaft, so zeigt sie doch *die Richtung* an, in der die künftige Forschung zu suchen hat, um die Lücken ausfüllen zu können, sei es durch genauere Formulierung der Antecedensbedingungen und Gesetze, sei es durch Vervollständigung des Argumentes mittels Bereitstellung geeigneter Gesetzmäßigkeiten. *Erklärungsskizzen sind stets zugleich ein potentieller Anreiz für die weitere Forschung.* Auch die roheste Erklärungsskizze, welche effektiv vorgeschlagen wurde, muß aber gewisse Minimalbedingungen erfüllen: Die im Explanans angeführten Aussagen müssen einen *empirischen Gehalt* besitzen und zum Zeitpunkt der Erklärung *gut bestätigt* sein[13]. Außerdem muß das erklärende Argument *als rationales Argument* akzeptierbar sein. Keineswegs aber ist es erforderlich, daß die für die Lückenfüllung gedachte neue Forschung die Erwartungen erfüllt. Was im Verlauf der empirischen Forschung immer passieren kann, das kann sich auch in diesem speziellen Fall ereignen: Kenntnisse von neuem Tatsachenmaterial wie die Annahme neuer Gesetze und Theorien können eine Preisgabe der früheren Auffassungen erzwingen. Was in einem solchen Fall resultiert, ist nicht die *Ergänzung* einer Erklärungsskizze zu einer vollwertigen Erklärung, sondern die *Ersetzung* eines Erklärungsvorschlages durch einen besser bestätigten neuen Vorschlag.

Eine *Pseudoerklärung* dagegen liegt sicherlich dann vor, wenn das vorgeschlagene Explanans keinen empirischen Gehalt besitzt, so daß nicht angebbar ist, welche empirischen Daten es bestätigen oder erschüttern würden. Relativ „reine" Fälle von Pseudoerklärungen im erfahrungswissenschaftlichen Sinn liegen vor, wenn in der Begründung auf den göttlichen Willen, auf einen Heilsplan für die irdische Welt, auf den Sinn der Geschichte, auf die Bestimmung eines Volkes, auf die historische Gerechtigkeit u. dgl. Bezug genommen wird. Eine Pseudoerklärung von anderer Art ist gegeben, wenn das Argument inkorrekt ist. Immer wenn in historischen Texten Wörter wie „also", „daher", „weil", „offenbar", „das Fazit war" u. dgl. vorkommen, die auf ein erklärendes Argument hinweisen, ist sorgfältig zu untersuchen, wie das Explanans nun genau lautet und ob es das Explanandum im deduktiven oder im induktiven Sinn begründet. Bisweilen werden sich derartige Begründungen als fadenscheinig, wenn nicht als völlig unhaltbar erweisen.

Die Schwierigkeit einer scharfen Abgrenzung von Erklärungsskizzen und Pseudoerklärungen liegt darin, daß man anscheinend Grenzfälle angeben kann, bei denen die Zuordnung nicht eindeutig ist. Nach der Auffassung von HEMPEL ist das Folgende ein Beispiel für eine Pseudoerklärung[14]: Es möge zutreffen, daß die geographischen und ökonomischen Bedingungen, unter denen eine Menschengruppe lebt, einen Einfluß auf gewisse kulturelle Äußerungen dieser Gruppe, z. B. deren Kunst oder deren Moralkodex haben. Wenn man dies zugibt, so kann man damit aber noch lange nicht die bestimmten künstlerischen Errungenschaften einer individuellen Gruppe oder ihr Moralsystem erklären. Dazu müßten die Gesetze viel spezifischer sein. Sie müßten einen deterministischen oder probabilistischen

---

[13] Dem widerspricht nicht die Tatsache, daß die in der Erklärung nicht ausdrücklich enthaltene und dem Erklärenden nur undeutlich vorschwebende Regularität, falls sie formuliert wurde, durch die Erfahrung nicht gut bestätigt wird (vgl. das obige Bergbauern- und Revolutionsbeispiel).

[14] C. G. HEMPEL, a. a. O. S. 239.

Schluß aus gegebenen geographischen oder ökonomischen Bedingungen auf bestimmte Merkmale dieser beiden Bereiche des kulturellen Lebens ermöglichen. Ob man aber bereits hier, wenn jemand nur den eben erwähnten allgemeinen Zusammenhang für die Erklärung *bestimmter* kultureller Einrichtungen verwendet, mit HEMPEL von einer Pseudoerklärung sprechen sollte, ist fraglich. Falls es später gelingt, diese spezifischeren Gesetze zu formulieren, könnte man ebensogut sagen, daß in der ursprünglichen Fassung nur eine vage Skizze vorlag, die später zu einer befriedigenden Erklärung ergänzt worden ist. Wir gelangen somit zu einem etwas merkwürdigen Resultat: Ob etwas eine Erklärungsskizze oder eine Pseudoerklärung ist, kann sich u. U. erst in Zukunft herausstellen, da es von der künftigen Forschung abhängt, ob die im ursprünglichen Vorschlag gemachten Andeutungen präzisiert und konkretisiert werden können oder nicht.

In den Naturwissenschaften gibt es eine nützliche praktische Methode, um die Korrektheit einer Erklärung zu überprüfen: *die Untersuchung der prognostischen Verwendbarkeit des Erklärungsargumentes*. Wenn das, was im nachhinein als *Erklärung* eines Phänomens vorgeschlagen wird, nicht bei Vorliegen entsprechend anderer pragmatischer Umstände auch dafür hätte verwendet werden können, dieses Phänomen *vorauszusagen*, so ist das ein Symptom für die Unzulänglichkeit des Erklärungsversuches. Dem Historiker steht diese Methode nur in sehr beschränktem Maße zur Verfügung. Es ist zwar nicht richtig zu sagen, daß wissenschaftliche Prognosen im menschlichen Bereich gänzlich unmöglich seien. Auch der sich praktisch entscheidende Politiker handelt meist nicht bloß aus einem „irrationalen Instinkt", sondern aus rationalen Überlegungen heraus, wenn er die mutmaßlichen Entschlüsse und Reaktionen seiner Gegenspieler abschätzt. Doch ist es richtig, daß „prognostische Neigungen" viel eher bei metaphysischen Theorien der Geschichte anzutreffen sind. Der Anhänger einer solchen Theorie kann dabei ein durchaus richtiges Gefühl für das Kommende haben und sich künftig bewährende Voraussagen machen. Aber diese Voraussagen sind dann trotzdem nicht rational gestützt, und zwar einfach deshalb nicht, weil die verwendete Theorie keiner rationalen Bestätigung zugänglich ist.

Aus mindestens drei Gründen sind Prognosen im geschichtlichen Bereich enge Grenzen gesetzt: Erstens wird die Ersetzung von Erklärungsskizzen durch vollständige Erklärungen fast immer eine ideale Forderung bleiben. Weil die Verhältnisse meist sehr komplex sind, werden vom streng logischen Standpunkt aus historische Erklärungen stets mehr oder weniger inadäquat bleiben. Dies gibt zwar die beruhigende Gewißheit, daß die historische Forschung niemals zum Abschluß kommen wird, selbst wenn eines Tages kein weiteres Quellenmaterial mehr zum Vorschein kommen sollte. Es zeigt aber zugleich die Grenzen für mögliche Voraussagen auf: Solange eine Erklärung unvollständig ist, kann sie nicht für prognostische

Zwecke verwendet werden. Zweitens wird selbst dort, wo der Idealfall der Vervollständigung realisierbar ist, keine deduktive Prognose von der Art astronomischer Voraussagen von Sonnenfinsternissen möglich sein. Wegen des probabilistischen Charakters des Argumentes wird man in fast allen solchen Fällen höchstens sagen können, daß das Explanandumereignis auf Grund der Antecedensdaten *vernünftigerweise zu erwarten* war. Drittens darf nicht vergessen werden, daß in jedem prognostischen Argument induktive Voraussetzungen über die Antecedens- oder Randbedingungen zwischen dem gegenwärtigen Zeitpunkt und dem künftigen Zeitpunkt des vorausgesagten Ereignisses stecken. Häufig ist dies die Annahme der Konstanz der äußeren Bedingungen. Eine der Voraussetzungen hierfür ist, daß der Prognostizierende auf das Vorausgesagte selbst keinen Einfluß nimmt. Diese Bedingung ist bei Voraussagen in der menschlichen Sphäre nicht erfüllt: die Prognose selbst setzt neue, in ihrer genauen Gestalt meist unvorhersehbare künftige Antecedensbedingungen. *Zu einer Weltrevolution kann es deshalb kommen, weil ein Philosoph sie vorausgesagt hat.* Umgekehrt kann ein Kandidat Präsident der Vereinigten Staaten werden, weil *einem anderen* bessere Chancen eingeräumt worden waren.

Eine zwar nicht gänzlich inkorrekte, aber meist doch irreführende Redeweise ist in historischen wie in alltäglichen Erklärungen anzutreffen: die Verwendung des *bestimmten Artikels* in Verbindung mit Worten wie „Ursache", „determinierender Faktor" u. dgl. Wenn wir von Ursachen sprechen, so meinen wir damit ja nur in den seltensten Fällen die Gesamtheit aller Antecedensbedingungen, obwohl wir dies eigentlich tun müßten; denn unter Bezugnahme auf einen bloßen Teil der relevanten Bedingungen können wir bei Verwendung noch so vieler Gesetze keinen „Kausalschluß" auf das Explanandum vornehmen. Gewöhnlich greifen wir unter einem rein subjektiven Gesichtspunkt gewisse, uns besonders wichtig erscheinende Antecedensbedingungen heraus und geben ihnen Namen wie die oben erwähnten. Auch historische Erklärungen haben häufig die Gestalt rudimentärer Erklärungen des Alltags. Um festzustellen, ob es sich hierbei um Pseudoerklärungen oder um Erklärungsskizzen handelt, müssen wir untersuchen, ob es möglich ist, die übrigen relevanten Antecedensbedingungen anzugeben, die hinter den Worten „Ursache", „Determination" steckenden Gesetzeshypothesen zu formulieren und das Argument in ein klares rationales Argument zu verwandeln. Wieder also hängt alles davon ab, ob sich der Erklärungsvorschlag vervollständigen läßt oder nicht.

Bisher sind zwei Motive für die Auffassung genannt worden, daß der Historiker keine Gesetze verwendet. Es gibt eine Reihe weiterer Motive, von denen einige im folgenden zur Sprache kommen werden. Eines sei hier noch zitiert. Es beruht auf der allgemeinen theoretischen Annahme, daß wissenschaftliche Generalisierungen über das menschliche Verhalten deshalb unmöglich seien, weil die Art und Weise der Reaktionen menschlicher

Individuen in gegebenen Situationen nicht nur von den Dispositionen der ersteren und allgemein charakterisierbaren Merkmalen der letzteren abhingen, sondern *eine Funktion der gesamten Geschichte* jener Individuen darstellen. Ob die Behauptung, sei es in dieser Allgemeinheit, sei es in eingeschränkterer Form richtig ist oder nicht, braucht hier nicht untersucht zu werden. Wenn solche funktionellen Abhängigkeiten bestehen, so müssen sie sich auch formulieren lassen; dies läuft auf nichts anderes hinaus als auf die Aufstellung von Gesetzeshypothesen, nach denen das Verhalten von Personen in gegebenen Situationen partiell abhängt von deren Geschichte. Hypothesen der dynamischen Psychologie sind z. B. von dieser Art. Und auch in der Physik sind analoge Beispiele bekannt[15].

4. Historisch-genetische Erklärungen

Die genetische Erklärung eines Phänomens X besteht, grob gesprochen, darin, daß folgendes gezeigt wird: Dieses Phänomen X stellt die Endstufe eines Entwicklungsprozesses dar, der mit einem bestimmten Anfangszustand beginnt und über eine Reihe von genau beschreibbaren Zwischenstufen schließlich zu X führt. W. DRAY hat auf einen wichtigen pragmatischen Aspekt der genetischen Erklärung hingewiesen, der nach seiner Meinung für das Verständnis der logischen Natur gewisser historischer Erklärungen von Bedeutung ist. Er spricht vom „Modell der stetigen Reihe" und illustriert seinen Gedanken an folgendem Beispiel[16].

Mein Auto bleibt plötzlich stehen. Der herbeigeholte Mechaniker gibt die Erklärung: „Die Ursache davon ist ein Leck in der Ölwanne". Ist dies eine Erklärung? Nach DRAY hängt das davon ab, wem sie gegeben wird. Für jemanden, der über den inneren Mechanismus eines Autos Bescheid weiß, kann dies eine befriedigende Erklärung bilden. Falls ich dagegen von diesem Mechanismus keine Ahnung habe, so bildet dies für mich keine Erklärung, *selbst dann nicht*, wenn das strikte Gesetz G gelten sollte: „Wenn immer die Ölwanne eines ordnungsgemäß gebauten Autos ein Leck hat, versagt sein Motor". Der Einfachheit halber nehmen wir an, daß G ein gültiges nomologisches Prinzip sei[17]. Von einer Erklärung kann erst dann die Rede sein, wenn ich dadurch ein Verständnis für das Versagen des Mecha-

---

[15] Vergleiche C. G. HEMPEL, a. a. O. S. 254.

[16] W. DRAY, [Laws & Explanation], S. 66—72.

[17] DRAY benützt diese Feststellung für eine seiner Polemiken gegen das H-O-Schema; denn dieses wäre ja unter der genannten Voraussetzung anwendbar. Diese Kritik ist jedoch nicht am Platz, da es DRAY um pragmatische Unterschiede geht, für welche die Relativität auf bestimmte Personen und deren Wissenszustand von Relevanz ist, während der Hempelsche Erklärungsbegriff einen nichtpragmatischen systematischen Begriff darstellt.

nismus gewonnen habe, so daß ich es schrittweise auf das Leck in der Ölwanne zurückverfolgen kann, etwa in der Weise: „Der Motor läuft nur
auf Grund einer Bewegung der Kolben im Zylinder; wenn nun in der Ölwanne ein Leck ist, so rinnt das Öl, welches sonst durch eine Pumpe von
der Wanne in den Zylinder befördert wird, heraus und Zylinder und Kolben fehlt die Schmierung; Zylinderwände und Kolben bleiben trocken; es
entsteht eine Reibungshitze, die zu einer Ausdehnung von Kolben und
Zylinderwänden führt, so daß die Bewegung des Kolbens blockiert wird;
der Motor bleibt stehen". Dadurch, daß ich eine ununterbrochene Folge
von Vorgängen zwischen Leckwerden der Wanne und dem Versagen des
Motors vor Augen habe, „die alle selbst ganz verständlich sind", komme
ich zu der Einsicht: „natürlich mußte der Motor klemmen", während ich
diese Einsicht auf Grund des bloßen Zusammenhanges „Leck — Versagen
des Motors" nicht gewinnen könnte.

Dieser unleugbare pragmatische Unterschied kann in einem Schema so
beschrieben werden: Zwischen einem Anfangszustand E_o, in dem sich ein
mechanisches System befindet, und seinem Endzustand E_n werden weitere
Zustände $E_1, \ldots E_{n-1}$ eingeschoben, und es werden n bekannte Gesetze
G_i zitiert, die E_{i-1} in E_i überführen (z. B. Fehlen von Öl ist verbunden mit
Reibung zwischen Kolben und Zylinder, die Reibung mit Wärme, Wärme
mit Ausdehnung, die Ausdehnung führt zum Blockieren etc.). Ich gewinne
somit in doppelter Hinsicht ein besseres Verständnis der Situation: Ich er-
halte dadurch, daß ich den Übergang von Teilzustand zu Teilzustand verfolgen kann, einen viel besseren Einblick in das innere Funktionieren des
Systems und ich kann das ursprünglich allein verfügbare „oberflächliche"
spezielle Gesetz G aus einer Klasse allgemeinerer Gesetze $G_1 \ldots G_n$ dedu-
zieren. Das letztere zeigt, daß der Sachverhalt zugleich einen pragmatischen
Aspekt hat. Eine genetische Erklärung von der geschilderten Art ist ein
komplexer Vorgang, der zwei Erklärungskategorien miteinander verknüpft:
Erklärungen von Ereignissen (nach dem deduktiv-nomologischen oder
statistischen Erklärungsschema) und Erklärungen, d. h. Ableitungen von
Gesetzen aus anderen.

Den prinzipiellen Sachverhalt haben wir an früherer Stelle am Beispiel
diskreter Zustandssysteme illustriert. Für ein beliebiges deterministisches
DS-System kann ein Gesetz G_n formuliert werden, das den Schluß von
einem seiner Zustände Z_i, falls dieser realisiert ist, zu einem entfernteren
Zustand Z_{i+n} ermöglicht. In der charakteristischen Matrix des Systems ist
dieses Gesetz nicht erwähnt, da es aus den dort angeführten Grundgesetzen
abgeleitet werden kann. Wer die charakteristische Matrix kennt, der kann
den ganzen Verlauf von Z_i bis Z_{i+n} in dem strengen Sinn verfolgen, daß
er, von Z_i ausgehend, für alle Zwischenschritte D-Prognosen aufzustellen
vermag. Wer nur über das Gesetz G_n verfügt, ist nicht in der Lage, diese
detaillierte Analyse zu geben, ganz abgesehen davon, daß er überhaupt

nichts auszusagen vermag, wenn gegenwärtig ein anderer Zustand als der Zustand Z_i realisiert ist.

Wir sind auf die genetische Erklärung bereits in I zu sprechen gekommen. Dort wurde darauf hingewiesen, daß sich eine gewöhnliche DN-Erklärung häufig durch eine Analyse von der soeben geschilderten Art in eine genetische Erklärung umformen läßt. Das Beispiel von DRAY macht deutlich, daß diese Überführung von pragmatischer Relevanz sein kann: Das ursprüngliche Argument fällt zwar unter den logisch-systematischen Erklärungsbegriff, würde aber in der geschilderten konkreten pragmatischen Situation nur von jemandem *als Erklärung akzeptiert* werden, der imstande wäre, den oben angedeuteten Übergang zu einer genetischen Erklärung vorzunehmen. Es kann also der Fall eintreten, daß nur das pragmatische Analogon zu einer genetischen Erklärung (im logisch-systematischen Sinn) als Erklärung im pragmatischen Sinn akzeptiert wird, nicht hingegen das pragmatische Analogon zu einer DN-Systematisierung, da es als „zu grob" oder als „zu oberflächlich" empfunden wird.

Genetische Erklärungen von der bisher beschriebenen Art nannten wir *kausal-genetische Erklärungen*. Berücksichtigt man auch statistische Gesetzmäßigkeiten, so gewinnt man einen allgemeineren Begriff der systematisch-genetischen Erklärung. Der Leser möge sich dies selbst etwa am Beispiel eines partiell indeterministischen DS-Systems verdeutlichen. Auch im historischen Fall stoßen wir auf genetische Erklärungen. Sie unterscheiden sich jedoch von den kausal-genetischen Erklärungen in einer charakteristischen Hinsicht: Es genügt hier nicht, die Ausgangskonstellation zu beschreiben und mittels bekannter Gesetzmäßigkeiten auf die folgenden Zustände zu schließen. Vielmehr müssen immer wieder reine Beschreibungen von Situationen eingeschoben werden, die in diesem Zusammenhang *nicht* erklärt werden. Zum Unterschied vom ersten Fall sprechen wir von *historisch-genetischen Erklärungen*. Sie seien am folgenden Beispiel erläutert, das sich in Werken der Kirchenhistoriker H. BÖHMER und E. G. SCHWIEBERT findet[18].

Es handelt sich um die Erklärung des Verkaufs von Ablässen, wie sie zur Zeit der Jugend Luthers üblich waren. Nach BÖHMER ist das Problem erstmals von A. GOTTLOB[19] in der richtigen Weise angegangen worden. Während man früher den Ablaß stets „von unten her", d. h. von seiten der Ablaßerwerber und ihrer Motive, betrachtet hatte, versuchte es GOTTLOB erstmals mit einer Betrachtung „von oben her", nämlich mit der Untersuchung der Motive der Päpste und Bischöfe, Ablässe zu erteilen. Er habe auf diese Weise Herkunft und Entwicklungsgeschichte dieses Phänomens ans klare Licht gebracht. Seine Untersuchungen führten zu der These, daß

---

[18] H. BÖHMER, [Luther], Kap. 3, und E. G. SCHWIEBERT, [Luther], Kap. 10.

[19] „Kreuzablaß und Almosenablaß"; in: Kirchenrechtliche Abhandlungen von ULRICH STUTZ, Nr. 30, 31.

es sich dabei um einen „Abkömmling der Zeit des großen Ringens zwischen Christentum und Islam" und zugleich um ein „höchst charakteristisches Zeugnis des sogenannten germanischen Christentums"[20] handle. Den Ursprung bilden danach die Glaubenskriege zwischen Christen und Mohammedanern. Während die gläubigen Moslems, gestützt auf die Lehre Mohammeds, mit der festen Überzeugung in den Heiligen Krieg zogen, daß ihnen im Fall des Getötetwerdens in der Schlacht der Himmel sicher sei, mußten sich die christlichen Glaubensstreiter die bange Frage stellen, ob sich ihnen die Tore des Paradieses auch dann öffnen würden, wenn sie keine Zeit gefunden hätten, rechtzeitig Buße für ihre Sünden zu tun. Solche Zweifel konnten sie dazu bewegen, lieber zu Hause zu bleiben. Die Päpste versuchten daher, diese Zweifel zu zerstreuen. So stellte bereits 853 Papst Leo IV. den in der Schlacht getöteten Glaubenskämpfern mit großer Zuversicht den himmlischen Lohn in Aussicht. Sein Nachfolger, Papst Johannes VIII., gewährte 877 den Glaubenskriegern Absolution von ihren kirchlichen Vergehen. Diese Heilsversprechen stellten zwar keine Ablässe dar, da sie sich auf tote Glaubenskämpfer und nicht auf lebende Büßer bezogen. Aber in einer Zeit, die so hoch vom Glaubenskrieg dachte, lag es nahe, die Teilnahme an diesem Kampf als Äquivalent für die Bußleistungen zu betrachten. Vermutlich im 11. Jhd.[21] wurde so der Erlaß der Bußstrafe erstmals als Truppenwerbemittel verwendet. Damit war der sogenannte *Kreuzablaß* geschaffen, der Erlaß der Bußstrafen als Belohnung für die Teilnahme an einem Religionskrieg: „Erinnert man sich, welche Unbequemlichkeiten, welche kirchlichen und bürgerlichen Nachteile die kirchlichen Bußstrafen mit sich brachten, dann begreift man, daß die Büßer sich eifrig zu diesem Ablasse drängten"[22]. Da die kirchlichen Bußstrafen als Ersatzstrafen für die Reinigungsstrafen im Fegefeuer galten, erhielt der Ablaß zugleich eine *transzendente* Bedeutung: Wer ihn erwarb, wurde nicht nur von den diesseitigen kirchlichen Bußstrafen, sondern auch von den entsprechenden jenseitigen Strafen im Fegefeuer befreit. Dies bildete ein weiteres starkes Motiv, Ablaß zu begehren. Beim Ablaß als Truppenwerbemittel blieb es aber nicht. Die Wohltaten dieses Ablasses wurden zunächst auf alte und gebrechliche Personen ausgedehnt, sofern sie die Geldmittel bereitstellten, um einen Ersatzmann in den Kreuzzug zu schicken. 1199 wurde von Papst Innozenz III. allgemein die Spendung eines ausreichenden Geldalmosens als adäquates Äquivalent anerkannt, um an den Gnaden der Kreuzablässe teilzunehmen. Damit war der *Almosenablaß* geschaffen: der Ablaß verwandelte sich von einem *Truppenwerbemittel* zu einem *Mittel des Gelderwerbs*, zu einer immer häufiger geübten Form der Besteuerung der Gläubigen. In dem Maße, als die Begeisterung für die Glaubenskriege in der Bevölkerung abnahm,

---

[20] Böhmer, a. a. O. S. 79.
[21] Für Details vgl. Böhmer, a. a. O. S. 80.
[22] Böhmer, a. a. O. S. 80.

mußten, um sich diese Einnahmequelle offenzuhalten, neue Wege zur Erzeugung zugkräftiger Motive für den Erwerb von Ablässen gesucht werden. Papst Bonifaz VIII. schuf im Jahr 1300 den sogenannten *Jubiläumsablaß*, der alle hundert Jahre wiederholt werden sollte. Vom Ablaßerwerber war ursprünglich eine Wallfahrt nach Rom gefordert worden. Wie beim Kreuzablaß wurde aber auch hier die persönliche Leistung durch eine dingliche Leistung: eine Geldabgabe, ersetzt. Die große Geldsumme, die dieser Jubiläumsablaß einbrachte, führte dazu, daß das Zeitintervall zwischen zwei Jubiläumsablässen sukzessive verringert wurde: zunächst auf 50, dann auf 33, schließlich auf 25 Jahre. Von 1393 an war der Ablaß nicht nur in Rom, sondern überall in Europa über Priester erhältlich, die mit den ausgedehntesten Beichtvollmachten ausgestattet waren. Der Gläubige konnte sich von einem Ablaßpriester zunächst durch die Beichte Erlaß der Höllenstrafen und darauf durch den Erwerb des Ablasses den Erlaß der Strafe des Fegefeuers und weltlicher Kirchenstrafen verschaffen. Der Erwerb dieser „heiligen Ware" Ablaß wurde durch ein eigenes Wertpapier, den Ablaßbrief, bescheinigt. Im Jahre 1477 erließ der Papst Sixtus IV. eine dogmatische Erklärung, durch die der sogenannte *Totenablaß* eingeführt wurde. Danach war es möglich, Ablaß auch für bereits Verstorbene, für die armen Seelen im Fegefeuer, zu erhalten.

Die Frage der Richtigkeit der geschilderten Theorie interessiert hier nicht, sondern nur die logische Struktur einer solchen genetischen Erklärung, die zweifellos unser Verständnis eines historischen Phänomens vertiefen kann. Offenbar handelt es sich hierbei nicht nur um einen erzählenden Bericht, in dem geschildert wird, was zu verschiedenen aufeinanderfolgenden Zeiten der Fall war, und den man dadurch gewinnen könnte, daß man sich geeignete Auszüge aus allen Jahrbüchern der ganzen Zeitphase macht, in denen jeweils alle wichtigen Ereignisse des Jahres zusammengestellt sind. Vielmehr versucht der Historiker in einer solchen genetischen Erklärung zu zeigen, wie ein Zustand „zum nächsten führt", sei es mit deterministischer Notwendigkeit, sei es mit einer gewissen Wahrscheinlichkeit. Er muß daher von bestimmten allgemeinen nomologischen oder probabilistischen Prinzipien Gebrauch machen, mögen diese auch nur ungefähr angedeutet oder stillschweigend vorausgesetzt sein.

Der prinzipielle Unterschied einer solchen historisch-genetischen Erklärung zu einer kausal-genetischen besteht darin, daß zwar gewisse Züge der zwischen dem „Ausgangs-" und dem „Endzustand" liegenden Zustände aus dem vorangehenden mit Hilfe von Gesetzmäßigkeiten erklärt werden — im obigen Beispiel handelt es sich weitgehend um eine Erklärung aus Motiven von Personen und Personengruppen —, daß jedoch andere Merkmale, die für die Erklärung des Folgezustandes von Relevanz sind, bloß beschreibend hinzugefügt werden. Dies bedeutet natürlich nicht, daß es sich hierbei um unerklärliche „bloße Tatsachen" handelt, für die man keine Erklärung geben könne. Es verhält sich vielmehr nur so, daß im *gegenwärtigen Kontext* auf eine derartige Erklärung verzichtet wird. Zu den in unserem Beispiel *als gegeben* betrachteten Tatsachen gehören etwa Aufbau und Machtstellung der Kirche, gewisse Bestandteile der katholischen Lehre, die von den damaligen Christen als feste Glaubensinhalte akzeptiert waren, die Kreuzzüge, der allmähliche Verfall dieser Bewegung usw. Die verwendeten Gesetzmäßigkeiten sind, wie bereits erwähnt, größtenteils psychologischer Natur; die gegebenen Erklärungsskizzen fallen zum Teil wohl sogar unter das Schema der rationalen Erklärung, welche an späterer Stelle dieses Kapitels erörtert werden soll: Es müssen Prinzipien des rationalen Handelns durch vernünftige Personen auf der Grundlage bestimmter Überzeugungen und Zielsetzungen verwendet werden.

Während man eine *kausal-genetische* Erklärung schematisch durch:

(a) $\quad S_1 \rightarrow S_2 \rightarrow S_3 \rightarrow \ldots \rightarrow S_{n-1} \rightarrow S_n$ (bzw. im Fall statistischer Gesetze mit probabilistischem Index)

wiedergeben kann, läßt sich eine *historisch-genetische* Erklärung durch das folgende, zugegebenermaßen sehr rohe, von HEMPEL vorgeschlagene Schema illustrieren:

(b) $\quad S_1 \nearrow^{S_2'} \searrow_{+D_2} \nearrow S_2 \nearrow^{S_3'} \searrow_{+D_3} \nearrow S_3 \ldots S_{n-1} \nearrow^{S_n'} \searrow_{+D_n} \nearrow S_n$

In beiden Fällen sollen die verwendeten Symbole Sätze repräsentieren, welche bestimmte Tatsachen über gewisse Zustände beschreiben. Die Pfeile symbolisieren gesetzmäßige Verknüpfungen, wobei der Einfachheit halber nur nichtstatistische Gesetzmäßigkeiten vorausgesetzt sind. Wie wir wissen, ist diese Voraussetzung im historischen Fall nur sehr selten erfüllt; außerdem sind die Gesetze meist nur andeutungsweise formuliert. $S_2', \ldots, S_n'$ sind jene Sätze, die Tatsachen beschreiben, welche aus den vorangehenden Zuständen als Antecedensdaten erklärt werden können. $D_2, \ldots D_n$ dagegen *stellen zusätzliche Informationen dar, die ohne Erklärung eingeschoben werden müssen, um eine hinreichend umfassende Klasse von Antecedensdaten für die Ableitung des nächsten Zustandes zu erhalten.* Daß es sich im obigen Beispiel nur um eine sehr partielle und lückenhafte Erklärung handelt, wird z. B. daran ersichtlich, daß sich darin nicht begründen läßt, warum die fraglichen Zeitintervalle gerade diese Länge haben.[23]

Wegen der Notwendigkeit, sukzessive neue Tatsachenbeschreibungen einschieben zu müssen, kann im historisch-genetischen Fall im Gegensatz

---

[23] Für ein von TOYNBEE stammendes Beispiel vgl. C. G. HEMPEL, [Aspects], S. 451.

zum kausal-genetischen nicht ein spezielles (abgeleitetes) Gesetz aus den
verfügbaren grundlegenden Gesetzen gewonnen werden. Der Endzustand
ist hier nicht aus dem Anfangszustand allein erschließbar. Darum ist das
schrittweise Vorgehen hier auch wesentlich, während es — wie das Beispiel
von DS-Systemen oder das eingangs erwähnte Beispiel von DRAY zeigt —
im kausal-genetischen Fall prinzipiell vermeidbar ist.

Die eben skizzierte logische Struktur historisch-genetischer Erklärungen
liefert die Antwort auf einen noch nicht erwähnten Einwand und macht
zugleich einen Aspekt der These von der Unwiederholbarkeit und Einmaligkeit historischer Ereignisse deutlich. Der Behauptung, daß auch
historische Erklärungen unter das Gesetzesschema der Erklärung fallen,
wird nämlich bisweilen folgendes entgegengehalten: Auf der einen Seite
sind historische Vorgänge von einer ungeheuren Komplexität und Vielfalt.
Auf der anderen Seite sind die verwendeten Gesetzmäßigkeiten, die ja häufig nur der alltäglichen Erfahrung entnommen sind, mehr oder minder
trivial und daher sicherlich für die Erklärung aller uns interessierenden Züge
an historischen Phänomenen nicht ausreichend.

Die Voraussetzung dieses Einwandes stellt zwar eine Übertreibung dar;
denn erstens wissen wir, daß die historischen Erklärungen insbesondere
dort, wo physikalisch-chemische und biologische Gesetzmäßigkeiten herangezogen werden müssen, ähnlich wie die alltäglichen Erklärungen von Vorgängen notgedrungen sehr skizzenhaft sind. Und zweitens sind psychologische Erklärungen historischer Vorgänge zum Teil recht kompliziert —
ein Trend, der sich künftig mit der sukzessiven Ersetzung der Vulgärpsychologie durch neue Erkenntnisse der modernen Psychologie in der historischen Forschung vermutlich noch verstärken wird. Trotzdem kann man
diesem Einwand ein gewisses Recht nicht absprechen. Das obige Modell
der historisch-genetischen Erklärung dürfte ihm gerecht werden. Denn
nach diesem Modell werden in die einzelnen Abschnitte einer genetischen
Darstellung immer wieder große Mengen von Details in rein beschreibender
Weise eingeschoben, ohne mit Hilfe anderer Tatsachen auf Grund von Gesetzen erklärt zu werden. Diese Details können u. U. wesentlich mehr enthalten als jene Aussagen, die durch erklärende Argumente begründet
werden; im obigen Modell ausgedrückt: die Aussagen D_i können viel
komplexer sein und einen viel stärkeren Tatsachengehalt besitzen als die
Sätze S_i'[24].

Am Schluß dieses Abschnittes über genetische Erklärungen sei noch ein
Einwand angeführt, der den Nährboden für gewisse, bereits in I erwähnte
metaphysische Konzeptionen gebildet haben dürfte. Es wird behauptet,
daß der Versuch einer adäquaten historisch-genetischen Erklärung ins Ufer-
lose, in einen regressus in infinitum hineinführe. Wer z. B. für eine zu einem

---

[24] Vergleiche dazu auch C. G. HEMPEL, [Aspects], S. 453.

bestimmten Zeitpunkt in einer Methodistenkirche der Vereinigten Staaten stattfindende Predigt eine Erklärung geben wolle, der müsse zunächst bis auf die protestantische Reformation zurückgehen; für deren Erklärung müsse die gesamte Geschichte des Christentums herangezogen werden; schließlich würden wir bis in die dunkelsten Ursprünge der menschlichen Kultur und Zivilisation zurückverwiesen.

Dazu wäre zweierlei zu bemerken: *Erstens* müßte der Opponent präzisieren, was überhaupt den Gegenstand der gesuchten Erklärung bilden soll. „Eine Predigt erklären" ist eine vage Formulierung. Erklärt werden können nur bestimmte *Tatsachen über* die Predigt. Soll etwa erklärt werden, warum die Predigt an diesem Ort und zu dieser Zeit stattfand; oder warum sie auf diesen und diesen ganz bestimmten Glaubensvoraussetzungen beruhte; oder warum der Prediger solche und solche Formulierungen gebrauchte; oder verbirgt sich hinter diesem konkreten Beispiel das allgemeinere Problem, warum sich die Methodisten als protestantische Sekte herausbildeten und in diesem Teil der USA eine starke Verbreitung gefunden haben u. dgl.? Die Beantwortung einiger dieser Fragen wird ohne Relevanz sein für die Beantwortung anderer. Der Opponent könnte nach erfolgter Präzisierung seinen Einwand trotzdem wiederholen; denn auch für die Erklärung noch so spezieller Fakten über einen historischen Vorgang müssen wir andere Fakten heranziehen, für die wieder eine Erklärung gesucht werden kann usw. Hierauf wäre nun *zweitens* zu erwidern, daß die Rede von einem unendlichen Regreß unberechtigt ist. Die Situation ist hier nicht anders als in den Naturwissenschaften. Die astronomische Voraussage einer künftigen Konstellation unseres Planetensystems auf der Grundlage der Gesetze der Himmelsmechanik wird in keiner Weise dadurch beeinträchtigt, daß für diese Erklärung die Kenntnis einer früheren Konstellation des Planetensystems benützt werden muß, die man ihrerseits aus früheren Konstellationen erklären könnte usw. Es ist zwar richtig, daß die Lösung eines Erklärungsproblems wegen der Verwendung von Fakten, die in diesem Zusammenhang unerklärt bleiben, zu neuen Fragestellungen führt und auf diese Weise eine potentiell unendliche Reihe möglicher wissenschaftlicher Untersuchungen erzeugt wird. Dies stützt jedoch keineswegs die Behauptung, daß so lange keine adäquate Erklärung eines Ereignisses gegeben worden ist, als man nicht diese unendliche Reihe von Fragen effektiv beantwortet hat. Daß die wissenschaftliche Forschung niemals ans Ende kommen wird, ist kein Mangel einer herausgegriffenen einzelnen Erklärung. Es sollte eher als eine erfreuliche Tatsache über die Gesamtsituation der Wissenschaft gewertet werden.

Metaphysiker haben jedoch diesen Sachverhalt oft als unbefriedigend empfunden. Es wurde die Auffassung vertreten, daß unsere Welterkenntnis erst dann zu einem befriedigenden Abschluß gekommen sei, wenn wir die „*letzten Ursachen*" allen Seins und Geschehens entdeckt hätten, also Fakten und Gesetzmäßigkeiten, die nicht mehr das Objekt weiterer Warum-Fragen bilden könnten und zwar nicht deshalb, weil die Antwort darauf unsere Erkenntnisfähigkeit übersteigen würde, sondern weil diese causae sui einer weiteren Erklärung *nicht bedürftig* seien, ja weil es eine Sinnlosigkeit darstelle, in bezug auf sie eine Warum-Frage zu stellen. Wie die vorangehenden Betrachtungen zeigen, bietet die Analyse wissenschaftlicher Erklärungen keine Stütze für diese spezielle und scharfe Form des Postulates einer synthetisch-apriorischen Erkenntnis der realen Welt.

5. Die sogenannte Methode des Verstehens

5.a Bisher ist durch Beispiele wie durch systematische Auseinandersetzungen mit andersartigen Auffassungen die Hempelsche These verteidigt worden, daß historische Erklärungen ebenso wie naturwissenschaftliche Systematisierungen im Normalfall auf deterministischen oder statistischen Gesetzen und Theorien beruhen. Wir haben dabei aber das in den Augen mancher Historiker wie Theoretiker der Geisteswissenschaften schwerste Geschütz gegen diese These noch nicht erwähnt, nämlich eine Theorie, wonach der Historiker wie der Vertreter einer systematischen Geisteswissenschaft (z. B. der Soziologe oder Nationalökonom) über eine Methode verfüge, die von den in den Naturwissenschaften zur Anwendung gelangenden Methoden grundsätzlich verschieden und vielleicht diesen Methoden sogar überlegen sei: die Methode des nachfühlenden Verstehens, kurz auch einfach *die Methode des Verstehens* genannt.

Im deutschen Sprachbereich ist diese Methode mit den beiden Namen W. Dilthey und Max Weber verknüpft, die für diese Methode, wenn auch in verschiedener Form und mit unterschiedlichem Erkenntnisanspruch, eintraten. Lange vorher haben bereits andere Theoretiker ähnliche Auffassungen vertreten. So z. B. behauptete, um nur zwei Beispiele zu erwähnen, G. B. Vico, daß wir für geschichtliche Gegenstände über eine spezielle Erkenntnisart verfügen, weil die Geschichte etwas „von Menschen selbst Gemachtes" sei. A. Comte vertrat die Ansicht, daß wir in der Soziologie außer von beobachteten Experimenten von dem Gebrauch machen, was er „unser Wissen über die menschliche Natur" nannte. Dieses Wissen besteht nach ihm nicht in empirischen Generalisationen; vielmehr müssen umgekehrt alle empirischen Verallgemeinerungen über das menschliche Verhalten daraufhin überprüft werden, ob sie mit diesem Wissen über die menschliche Natur im Einklang stehen.

Auch metaphysische Lehren standen bei der Verstehensmethode Pate. So ist z. B. Dilthey von der Schopenhauerschen Willensmetaphysik beeinflußt worden (während später in seiner Lehre von der Hermeneutik der

Einfluß der Hegelschen Theorie des objektiven Geistes entscheidend die Oberhand gewann). Der Grundgedanke dieser Metaphysik läßt sich etwa so charakterisieren: Die ganze anorganische Natur können wir nur von außen betrachten, ebenso die nichtmenschliche (oder wenigstens die nicht menschenähnliche) organische Natur. Demgegenüber gibt es im ganzen Universum nur einen einzigen Gegenstand, den ich nicht bloß *von außen* zu betrachten vermag, sondern der mir *von innen her* zugänglich ist. Dieser Gegenstand bin ich selbst mit allen von mir unmittelbar erlebten Bewußtseinszuständen und -vorgängen. Wegen dieses privilegierten Zutritts zum eigenen psychischen Leben habe ich aber indirekt ganz allgemein zu den Vorgängen in der menschlichen Sphäre einen unmittelbaren inneren Zugang; denn ich kann mit Recht annehmen, daß die seelischen Prozesse in anderen Menschen den Geschehnissen in meinem eigenen Bewußtsein hinreichend ähnlich sind, so daß ich unter geeigneten Bedingungen erschließen kann, was in anderen Menschen vorging, wenn ich mich in ihre Lage versetze und mir überlege, was unter diesen Umständen in mir vorgehen würde. Bisweilen wird in diesem Zusammenhang von einem „Analogieschluß" gesprochen. Bisweilen wird dagegen betont, daß es sich hierbei um spontane Erkenntnisakte handle, die auf einem unmittelbaren seelischen Kontakt von Mensch zu Mensch beruhten und keines logisch-rationalen Zwischengliedes bedürften[25].

Es geht uns hier nicht darum, alle Varianten dieser nur ungefähr skizzierten Auffassung zu schildern, sondern um eine systematische Betrachtung über Natur und Erkenntniswert dieser Methode. Sollte diese systematische Untersuchung in allen Einzelheiten durchgeführt werden, so würde sie sich als äußerst komplex erweisen. Es handelt sich nämlich nicht nur um eine zu isolierende einzelne Frage, sondern um einen ganzen Wust von Problemen. Man kann versuchen, drei Problemklassen zu unterscheiden, nämlich erstens gewisse semantische Fragen oder Sinnfragen, zweitens Geltungsprobleme und drittens philosophische Fragen von etwas allgemeinerer Natur, die sich hier als relevant erweisen. Zu den letzteren gehört insbesondere das Problem des Fremdseelischen und seiner Erkennbarkeit. Die erkenntnistheoretisch wichtigeren Fragen werden wir etwas genauer behandeln und die übrigen wenigstens so weit diskutieren, wie dies im gegenwärtigen Zusammenhang als erforderlich erscheint. Unter Vorwegnahme der späteren etwas genaueren Schilderungen geben wir zunächst nochmals eine kurze Charakterisierung dieser Methode, die ausreicht, um einige entscheidende kritische Bemerkungen anzufügen.

Die Vorgänge in der äußeren Natur unterliegen nach DILTHEY der „blinden Naturkausalität". Die angewandte naturwissenschaftliche Erkenntnis

---

[25] Eine ausführliche Literaturangabe über die wichtigsten früheren Werke zur Methode des Verstehens findet sich in TH. ABEL, [Verstehen], insbesondere auf S. 677/678.

findet daher ihre Befriedigung in der Erklärung von Ereignissen aus ihren Ursachen. Demgegenüber beruhe die innere Verkettung der Erlebnisse zur „Einheit des Lebens" nicht auf einem *Kausal*zusammenhang, sondern auf einem *Motivations*zusammenhang[26]. Während sich Naturvorgänge bloß äußerlich beschreiben und erklären lassen, könnten wir historische Ereignisse in der menschlichen Sphäre dadurch verstehen, daß wir auf die Motive der beteiligten Personen zurückgehen. Um den Unterschied durch ein Beispiel zu erläutern: Daß der Tänzer sich um die Tänzerin dreht, das können wir verstehen, da wir seine Motive dafür „geistig nachvollziehen" können. Daß sich die Planeten um die Sonne bewegen, das können wir nur als äußeren Vorgang beschreiben und durch Subsumtion unter die Keplerschen Gesetze äußerlich erklären. Dagegen vermögen wir in das Innere dieses Vorgangs nicht einzudringen; er ist uns unverständlich.

5.b Die Theorie des Verstehens kann in zwei verschiedenen Formen vorgetragen werden. Entweder es wird behauptet, daß diese Methode *zu adäquaten historischen Erklärungen* führe. Oder es wird das Verstehen dem Erklären *als etwas grundsätzlich anderes* gegenübergestellt. Diese letztere Alternative „erklären — verstehen" ist nun zweifellos eine gänzlich schiefe Konstruktion. Es ist überhaupt nicht sinnvoll, diese beiden Dinge miteinander zu kontrastieren. Wie immer das nachfühlende Verstehen näher zu charakterisieren sein mag, es soll jedenfalls eine Methode darstellen, um zu geeigneten Erkenntnissen zu gelangen, sei es zu einem Wissen über die in einem konkreten Fall vorliegenden psychischen Prozesse und geistigen Inhalte, sei es zu Einsichten in allgemeine Zusammenhänge zwischen seelisch-geistigen Vorgängen. Beim Erklären handelt es sich dagegen darum, eine Warum-Frage, also eine Frage nach Ursachen oder Gründen, zu beantworten. Den Erklärungen stehen die bloßen Beschreibungen von dem, was geschah, gegenüber. Die einzig sinnvolle Gegenüberstellung ist also in dem Begriffspaar „erklären — beschreiben" und *nicht* in dem Begriffspaar „erklären — verstehen" enthalten. Die fragliche Methode muß daher, wenn sie nicht von vornherein als etwas gänzlich Unklares ausgeschieden werden soll, so charakterisiert werden, *daß es sich um ein Verfahren handelt, um zu geeigneten Erklärungen zu gelangen, d. h. um die für diese Erklärungen erforderlichen Hypothesen oder nichthypothetischen Einsichten zu gewinnen.*

---

[26] Im einzelnen entwickelte DILTHEY in seinen „Ideen über eine beschreibende und zergliedernde Psychologie" zunächst seine lebensphilosophische Konzeption, in welcher die „Grundkategorien des Lebens" (Zeitlichkeit, Korruptibilität, Zusammenhang, Struktur usw.) herausgearbeitet werden. Auf der Grundlage dieser allgemeinen und philosophischen Theorie des Lebens wird versucht, eine verstehende Psychologie zu errichten, die dann ihrerseits das Fundament für die Theorie des geisteswissenschaftlichen Verstehens bilden soll. DILTHEY klassifiziert dieses Verstehen nach dem Gegenstand gemäß den verschiedenen Lebensäußerungen, wie Handlungen, Erlebnisausdruck, sprachliche Gebilde. Für eine übersichtliche Darstellung der Theorie DILTHEYs vgl. O. BOLLNOW, [DILTHEY].

Worin soll diese Methode bestehen? Schematisch kann man das, was DILTHEY und anderen vorschwebte, etwa so umschreiben: Wenn ein Historiker die Handlung einer geschichtlichen Persönlichkeit oder ein Ereignis, das durch gemeinsames Handeln mehrerer Personen hervorgerufen wurde, erklären will, so muß er versuchen, sich selbst geistig in die Lage jener Person oder Personen zu versetzen. Er muß sich dazu die gesamte damalige Situation so genau wie möglich zu verdeutlichen versuchen, er muß sich darum bemühen, in die Vorstellungswelt jener Person einzudringen, insbesondere deren faktische und normative Überzeugungen in sich zum Leben zu erwecken; und er muß danach trachten, sich alle Motive zu vergegenwärtigen, welche die Entscheidungen dieser Person hervorriefen. Es handelt sich also um ein *Gedankenexperiment* von bestimmter Art, eine gedankliche, vielleicht auch teilweise erlebnismäßige Identifizierung des Historikers mit seinem Helden, durch die er zu einem Verständnis von dessen Erlebnissen und somit zu einer adäquaten Erklärung von dessen Handlung gelangt.

Kritisch ist dazu folgendes zu sagen[27]. Zunächst kann man zugeben, daß solche Gedankenexperimente häufig anzutreffen sind, sowohl beim Fachmann wie bereits ständig bei der Interpretation und Erklärung fremder Handlungen im alltäglichen Umgang mit anderen Menschen. Man muß aber erstens zugleich hinzufügen, daß diese Methode nichts weiter liefert als ein *heuristisches* Verfahren, um zu gewissen psychologischen Hypothesen zu gelangen, die man dann als Prämissen eines erklärenden Argumentes verwenden kann. Die *Methode des Verstehens liefert keineswegs eine Garantie dafür, daß die auf diese Weise gewonnenen Hypothesen auch richtig sind. Sie ist kein Verifikationsverfahren* und macht ein solches Überprüfungsverfahren auch nicht überflüssig, wie einige Verfechter dieser Methode irrtümlich anzunehmen scheinen. Ob die durch diese Verstehensmethode gewonnenen Hypothesen richtig sind, kann nur durch unabhängige empirische Tests festgestellt werden. MAX WEBER z. B. war sich dessen durchaus bewußt; er betonte, daß eine „Verifikation" der durch die „subjektive Deutung" gewonnenen Ergebnisse auf Grund des vorhandenen empirischen Materials unentbehrlich sei.

Tatsächlich liegt eine Hypothesenbildung in zweifacher Hinsicht vor. Um eine Hypothese handelt es sich bereits, wenn wir versuchen, *uns* mittels dieses Gedankenexperimentes *in die Lage des Anderen zu versetzen*. Schon hier kann der Versuch schwerste Fehler hervorrufen: Bei der Beurteilung der Situation, der geistigen Reproduktion der Überzeugungen und Ziele des Anderen können wir uns gründlich irren. Wie häufig geschieht es im Alltag, daß wir meinen, eine andere Person und ihre Handlungen bestens zu verstehen, während wir ihr dabei doch ganz falsche Vorstellungen und Motive

---

[27] Vergleiche dazu auch C. G. HEMPEL, [General Laws], S. 239f. und [Studies], S. 257f.

unterschoben haben! Derselbe Irrtum, der uns im Alltag passiert, kann ebenso dem historischen Fachmann unterlaufen, und dies um so mehr, als der Historiker ja nicht die Handlungen der ihm bekannten Mitmenschen zu erklären hat, sondern in der Regel das Verhalten von Menschen, die einer ganz anderen Zeit angehörten, deren kulturelle, soziale und wirtschaftliche Umwelt eine total andere war als die unsrige und die von anderen Überzeugungen und Wertvorstellungen beherrscht waren als der moderne Mensch. Er kann in bezug auf seinen Helden ein starkes Gefühl des Verstehens haben und diese Persönlichkeit trotzdem vollkommen falsch einschätzen. Die zweite hypothetische Komponente liegt in der Gewinnung psychologischer Generalisierungen. Wie wir wissen, werden solche benötigt, um erklärende Argumente unterbreiten zu können. Der Historiker hat sich daher nicht nur zu überlegen, wie er selbst unter den gegebenen Umständen gehandelt hätte. Er muß außerdem aus seiner persönlichen Erfahrung eine *allgemeine Regelmäßigkeit* zu abstrahieren suchen, die er dann bei der Erklärung benützt. Auch diese Verallgemeinerung ist eine *Hypothese*[28]. Es kann also in beiden Hinsichten keine Rede davon sein, daß durch die Methode des Verstehens unbezweifelbare Einsichten gewonnen würden.

Die Methode des nachfühlenden Verstehens ist also für die Gewinnung historischer Erklärungen *nicht hinreichend*. Ein unabhängiger Test muß hinzutreten. Sie ist aber zweitens auch *nicht notwendig*. Es ist durchaus möglich, daß ein Historiker, Psychologe oder Ethnologe das Verhalten von Personen mit Hilfe allgemeiner Prinzipien zu erklären und sogar bis zu einem gewissen Grade vorauszusagen vermag, ohne deren Erlebnisse in sich nachvollziehen zu können. Dies gilt etwa dann, wenn es sich um das Verhalten von Psychopathen handelt oder von Angehörigen ganz anderer oder primitiver Kulturen. Ja, es mag sogar der Fall sein, daß für scheinbar uns verständliche Handlungen eine tiefere Erklärung gegeben werden kann, die nicht mehr mit solchen Prämissen arbeitet, in denen nachvollziehbare Erlebnisse oder Generalisationen davon geschildert werden. Der Grund dafür liegt darin, daß es sich im Zuge weiterer Forschungen als notwendig erweisen kann, für die Erklärung historischer Handlungen jene Vulgärpsychologie, die hinter der „Methode des Verstehens" steckt, durch eine andere, etwa durch die dynamische Psychologie, zu ersetzen, in der abstrakte Dispositionen und theoretische Begriffe vorkommen. Wir werden im letzten Abschnitt dieses Kapitels in einem anderen Zusammenhang nochmals darauf zurückkommen, wenn wir die Frage des Verhältnisses von rationaler und nichtrationaler Erklärung diskutieren.

---

[28] Soweit es sich um die Zuschreibung von Motiven handelt, haben wir es mit einer dispositionellen Erklärung zu tun, und die Erwähnung allgemeiner Prinzipien kommt, wie früher geschildert, im erklärenden Argument nur implizit vor.

Schließlich ist drittens auf die Feststellung von E. ZILSEL hinzuweisen, *daß die Methode des Verstehens zu einander widersprechenden Resultaten führen kann.* Wenn in einem Land eine lang anhaltende Rebellion ausbricht, welche die regierende Partei mit militärischen Mitteln radikal zu unterdrücken versucht, so kann man es ebensogut verstehen, daß die Aufständischen ihre Sache verloren geben und die Revolution zusammenbricht, wie daß die Bemühungen um die Durchsetzung der revolutionären Ziele nur noch hartnäckiger und heftiger werden und schließlich zum Erfolg führen. Oder wenn wir versuchen, uns geistig in die Situation der Bewohner einer belagerten mittelalterlichen Stadt zu versetzen, so können wir verstehen, daß auf Grund der langen Entbehrungen und Kämpfe schließlich die Moral der Bevölkerung zusammenbricht und die Stadt dem Feind überlassen wird; aber auch, daß ein trotziger Widerstandswille entfacht wird, der zur erfolgreichen Verteidigung der Stadt führt, so daß der Feind unverrichteter Dinge abziehen muß oder schließlich durch in der Zwischenzeit herbeigeholte Hilfstruppen vertrieben wird. Auf Grund historischer Überlieferungen wissen wir, wie es ausgegangen ist, also daß z. B. die Stadt nicht kapitulierte, wie etwa im Fall der Türkenbelagerung von Wien. Wenn wir uns aber nur auf Grund dieses Tatsachenberichtes für die eine und nicht für die andere Alternative entscheiden, so ist damit der Erklärungswert der durch die Verstehensmethode gewonnenen Hypothese vollkommen entwertet. Die vermeintliche Erklärung liefert keine zusätzliche Information zu dem Tatsachenbericht selbst. Wäre es anders ausgegangen, so hätten wir einfach die uns ebenso verständliche gegenteilige Einstellung der Bevölkerung angenommen. Die angebliche Erklärung hat einen ex-post-facto-Charakter und ist somit eine Pseudoerklärung. Für prognostische Zwecke wäre dieses Verfahren *prinzipiell* unverwendbar.

Wie diese letzte Überlegung zeigt, liefert die sogenannte Methode des Verstehens nicht nur kein Verifikationsverfahren für die zu Erklärungen menschlicher Handlungen benötigten psychologischen Hypothesen, sondern sie ist u. U. sogar als heuristisches Erkenntnismittel von höchst zweifelhaftem Wert. Daß diese Methode trotzdem noch immer vielen so attraktiv erscheint, dürfte, wie ZILSEL hervorhebt, darauf beruhen, *daß durch diese Methode gewisse Phänomene in suggestiver Weise als sehr plausibel oder als sehr natürlich präsentiert werden.* Was in wissenschaftlicher Hinsicht zählt, ist aber nicht, ob ein Erklärungsvorschlag mit unseren intuitiven Vorstellungen im Einklang steht und uns eine intellektuelle Befriedigung bereitet, sondern *ob die dabei verwendeten singulären Annahmen und gesetzesartigen Hypothesen empirisch hinreichend gut bestätigt sind, um akzeptierbar zu sein, und ob die sich auf sie stützende Begründung des Explanandums korrekt ist.*

5.c Ähnliche Kritiken wie die vorangehenden wären an der Diltheyschen *Hermeneutik* anzubringen, sofern auch diese wieder mit dem Anspruch auftreten sollte, ein Verfahren zur Gewinnung sicherer Erkenntnisse zu liefern. Für DILTHEY trat die verstehende Psychologie als Grundlegung der geisteswissenschaftlichen Erkenntnis in dem Augenblick in den Hintergrund, als er das Hegelsche Phänomen des objektiven Geistes wieder entdeckt zu haben glaubte. Während ich nach seiner früheren Auffassung zunächst *die Erlebnisse des Einzelmenschen* verstehe und über dieses Verständnis zur korrekten Deutung der von Menschen geschaffenen geistigen Gebilde fortschreiten kann, verstehen wir nach DILTHEYs späterer Auffassung zunächst die uns umgebende gemeinsame geistige Wirklichkeit: *den objektiven Geist*, während das Verstehen des Einzelmenschen ein bloß sekundäres Verstehen bildet. Zu exakten Resultaten soll man dabei gelangen, wenn man nicht bei den sich schnell ändernden alltäglichen Ausdrucksformen einsetzt, sondern bei den „dauernd fixierten Lebensäußerungen", wie z. B. schriftlichen Gebilden der Literatur, Rechtsordnungen oder sichtbaren Werken der Kunst, zu denen wir wegen ihrer Beständigkeit in unserem Deutungsversuch immer wieder zurückkehren können. Die Methode des Verstehens wird zur *Kunstlehre der Auslegung* oder *Interpretation* solcher dauernder Lebensäußerungen. In solchen Werken seien „eigene Zusammenhänge sui generis" verwirklicht, die wir unmittelbar verstehend zu erfassen vermöchten, wobei dieses Verstehen aber nicht auf psychologisches Verstehen reduzierbar sein soll.

Wie immer die Regeln für diese Kunstlehre lauten mögen, sie können ebenfalls *nur heuristische Prinzipien zur Gewinnung von Hypothesen für die Interpretation* bilden, hingegen keine Begründungs- oder Bestätigungsregeln liefern. Solche Regeln mögen etwa besagen, wie man zu einer zusammenhängenden und widerspruchslosen Deutung eines literarischen Werkes gelangt. Selbst wenn z. B. einem Literaturhistoriker unter Benützung dieser Regeln erstmals eine geschlossene und konsistente Deutung eines schwer durchschaubaren Gedichtes, etwa der letzten Duineser Elegie von RILKE, glückt, so liegt darin keine Garantie für die Richtigkeit, vorausgesetzt, daß in einem derartigen Fall überhaupt sinnvoll davon gesprochen werden kann, daß genau *eine* korrekte Deutung existiert. Akzeptiert man diese Voraussetzung, so muß man sagen, *daß hier wie in allen Fällen realwissenschaftlicher Erkenntnis Konsistenz eine notwendige, aber keine hinreichende Bedingung für die Wahrheit ist.*

Wie oben betont wurde, müßten in einer eingehenden Analyse der Verstehensmethode semantische Probleme und Geltungsprobleme voneinander unterschieden werden. Dies ist um so mehr notwendig, als der Ausdruck „verstehen", wie er von den Verfechtern dieser Theorie benützt wird, ein *Kunstwort* darstellt, dessen Gebrauch weder mit der alltäglichen noch mit der sonstigen wissenschaftlichen Verwendung dieses Wortes übereinstimmt: Wir sprechen von einer Vertiefung des Welt*verständnisses* oder des *Verständnisses* von Lebensvorgängen und beziehen uns dabei auf physikalische und biologische Theorien, die mit abstrakten theoretischen Begriffen operieren, nicht jedoch mit solchen Begriffen, die aus der inneren Erfahrung oder aus dem Leben geistiger Inhalte geschöpft sind. Wir sprechen davon, daß wir eine schwierige mathematische Theorie *verstanden* hätten; daß man das Funktionieren einer Maschine *verstehe*; daß jemand *verstehe*, wie eine praktische Verrichtung zu vollziehen sei u. dgl. Alle diese Verwendungen werden von den Verfechtern der Verstehenstheorie ausgeklammert. Beschränken wir uns auf die „psychologische" Verwendung, so haben wir *drei semantische Fragen* zu stellen[29], die sich auf die Natur des Vorganges, auf den Sinn des Wissensanspruches und auf den Gegenstand beziehen:

(1) Was bedeutet es, wenn wir sagen, daß wir die Erlebnisse und inneren Erfahrungen anderer Personen in uns *zum Leben erwecken*?

(2) Was meinen wir, wenn wir sagen, wir *wüßten*, was im Bewußtsein anderer Menschen stattfindet?

(3) Was ist *der Sinn von erklärenden Argumenten*, in denen wir Handlungen eines Menschen auf das zurückführen, was dieser Mensch *will*, also auf seine Intentionen und Ziele?

Das Geltungsproblem wird am zweckmäßigsten jeweils im Zusammenhang mit diesen Fragen, insbesondere mit der Frage (1), diskutiert. Was diese Frage (1) betrifft, so wurde sie bereits oben beantwortet. Es handelt sich nur darum, einige ergänzende Bemerkungen hinzuzufügen. Ich beobachte etwa, daß eine mit *A* befreundete Person *B* sich plötzlich *A* gegenüber merkwürdig benimmt. Dies ist mir zunächst unverständlich. Später erfahre ich, daß *A* etwas getan hatte, worüber *B* sich sehr ärgerte. Daraufhin sage ich: „Jetzt verstehe ich das merkwürdige Verhalten von *B*!" Bei diesem Verstehen stütze ich mich auf die vielleicht sehr rasch oder sogar unbewußt vollzogene Überlegung, wie ich selbst mich in einer ähnlichen Situation verhalten würde. Eine ähnliche Betrachtung stellt der Historiker an, wenn er die Motive oder Gründe der Handlungen einer Person untersucht. Auch er kann nichts weiter tun als sich überlegen, was er selbst in dieser Situation tun würde, gegeben die gesamten psychophysischen Umstände jener Handlung. Dies ist es, was er meint, wenn er sagt, er habe sich in die Lage jener Person versetzt. Nicht dagegen kann es bedeuten, daß er durch eine merkwürdige artistische Prozedur zu jener Person *wurde*, deren Handlungen er zu erklären versucht, daß also eine „Identifizierung" des Forschers mit dem Helden im wahren Wortsinn stattfand. Ebensowenig kann es bedeuten, daß der Historiker über eine *besondere*, für den gewöhnlichen Sterblichen unerreichbare *Fähigkeit* verfüge, in den Geist anderer Menschen einzudringen und eine Art von *psychologischen Röntgenbildern* von den Zuständen und Vorgängen in diesem Geist zu produzieren.

Und weil es nichts von all dem bedeuten kann, gewährt die Befolgung des Rezeptes „wenn du die Motive eines anderen Menschen herausbekommen willst oder über diese Motive im Zweifel bist, so versetze dich in

---

[29] Vergleiche dazu P. GARDINER, [Historical Explanation], S. 118ff.

dessen Lage" auch keine Sicherheit. Das Ergebnis ist nicht zuverlässig. Wie GARDINER es formuliert: daraus, daß ich *x* tun würde, weil ich *y* wollte, folgt nicht, daß ein mittelalterlicher Baron *x* deshalb getan hat, weil er *y* wollte[30]. Damit sind wir in bezug auf das *Geltungsproblem* abermals zu einem negativen Ergebnis gekommen. *Die Methode des Verstehens ist kein sicherer Weg zur Wahrheit, sondern bestenfalls ein heuristischer Kunstgriff, um zu Hypothesen zu gelangen, die vielleicht zutreffen.* Die Überlegung lehrt nur, daß es so gewesen sein *könnte*, aber nicht, daß es so gewesen sein *muß*, wie ich mir dies in meinem gedanklichen Identifizierungsprozeß ausmalte. In logischer Hinsicht handelte es sich entweder um einen direkten induktiven Analogieschluß vom eigenen auf den anderen Fall oder um einen logischen Schluß aus einer allgemeinen Regel, die ich durch Generalisierung aus dem eigenen Verhalten gewonnen hatte. In beiden Fällen kann man genau den Punkt angeben, an dem wir den Boden der Sicherheit verlassen: im zweiten Fall ist es der Übergang von einer singulären Aussage zu einer hypothetischen Generalisierung, im ersten Fall ist es die Tatsache, daß ein induktiver Analogieschluß niemals zu einem sicheren Ergebnis führen kann.

Die Vertreter der Verstehenstheorie werden allerdings leugnen, daß rationale Argumente vorliegen, in denen Hypothesen darüber aufgestellt werden, daß andere Personen so denken und fühlen wie ich selbst. Vielmehr werden sie betonen, daß es sich um spontane unreflektierte Prozesse handle. Diese Feststellung ist auch vermutlich richtig, sofern es nicht darum geht, das Verfahren logisch zu rekonstruieren, sondern das, was dabei tatsächlich vor sich geht, zu beschreiben. Es dürfte zumindest dann richtig sein, wenn wir in der Vergangenheit bereits analoge Erfahrungen gesammelt haben. Für unser Problem ist dies irrelevant: ob spontan oder nicht, am hypothetischen Charakter der dabei gewonnenen Erkenntnis ändert sich nichts.

5.d Dieses Ergebnis, wonach die geschilderte Methode nur einen heuristischen Wert besitzt, stimmt auch überein mit dem Resultat der interessanten Analyse von TH. ABEL[31], in welcher diese Operation genauer diskutiert wird, vor allem im Hinblick auf den damit verbundenen Erkenntnisanspruch. Die Ausführungen von ABEL sind auch insofern von Bedeutung, als er die Rolle dieser Operation nicht nur für die Gewinnung geeigneter Erklärungen von konkreten Phänomenen erörtert, sondern auch für die Erklärung von Gesetzmäßigkeiten.

Für den ersten Fall bringt er folgendes Beispiel. Mitte April setzt plötzlich eine Frostperiode ein. Ich sehe, wie mein Nachbar sich von seinem Schreibtisch am Fenster erhebt, zu seinem Holzstoß geht, eine Axt ergreift und Holz zu hacken beginnt. Daraufhin beobachte ich, wie er das Holz ins

---

[30] a. a. O., S. 130.
[31] [Verstehen]. Ich gebe eine teilweise abweichende Darstellung der dort enthaltenen Ideen.

Haus trägt und in den Kamin legt. Nachdem er es angezündet hat, kehrt er zu seiner täglichen Arbeit an seinen Schreibtisch zurück.

Dies sind alles Vorgänge, die mittels äußerer Wahrnehmung beobachtet wurden. Als Erklärung für das Verhalten des Nachbarn füge ich zu den bereits geschilderten Antecedensbedingungen, wie dem Temperaturfall, die Annahme hinzu, daß mein Nachbar zu frösteln begann und ein Feuer anzündete, um sich zu erwärmen. Durch die Einschiebung dieser Hypothese *verstehe* ich den Zusammenhang zwischen dem äußeren Reiz „Temperaturfall" und der Reaktion des Feuermachens. Man kann auch sagen, daß durch diese Hypothese ein Zusammenhang hergestellt wird zwischen zwei Außenweltsbeobachtungen: einer Thermometerablesung und einer Folge von körperlichen Bewegungen eines Menschen (Aufstehen, Holzhacken, Feueranzünden)[32]. Kürzen wir die Situation, in der sich der Nachbar befindet, durch X ab. Dann werden für die Erklärung zwei generelle Aussagen über physische Vorgänge herangezogen: „Niedrige Außentemperatur (A) reduziert die Temperatur auf der Körperoberfläche (B)" und „Wärme wird in der Situation X nur dadurch produziert (C), daß ein Feuer bereitet wird (D)". Dies zusammen mit den konkreten Daten, daß die Bedingung (A) erfüllt war und der Nachbar sich in der Situation X befand, genügt nicht zur Erklärung. Ich benötige eine psychologische Hypothese von der Art: „Eine Person, der es kalt ist (B'), wird Wärme suchen (C')". Entscheidend ist hier die „*Verinnerlichung*" der physischen Zustände B und C in Gefühlszustände B' und C' eines menschlichen Organismus.

Kritisch wäre hierzu zu sagen, daß die logische Struktur dieser Überlegung noch genauer untersucht werden sollte; nämlich: Erstens bildet der Übergang von (B) zu der Aussage, daß diese Person zu frösteln begann, eine durch die Operation „Verstehen" gewonnene *singuläre* Hypothese. Zweitens ist die zuletzt erwähnte Regularität (der Zusammenhang von (B') und (C')) eine durch *Verallgemeinerung aus der eigenen persönlichen Erfahrung* gewonnene zusätzliche *generelle* Hypothese. Schließlich müßte für eine Vervollständigung des Argumentes noch eine Aussage von etwa der folgenden Gestalt eingeschoben werden: „Wenn eine Person Wärme sucht, so wird sie von der Möglichkeit Gebrauch machen, Wärme zu erzeugen. Da in der Situation X nur auf diese eine Weise Wärme erzeugt werden kann, wird die fragliche Person das und das tun".

Der Fall kann so gelagert sein, daß ich sage, ich sei ganz *sicher*, daß diese Erklärung stimme; es handle sich um einen „offenkundigen Fall". Diese meine praktische Sicherheit kann aber nicht bedeuten, daß die vor-

---

[32] Um den Sachverhalt nicht zu komplizieren, müssen wir den Fall ausschließen, daß ich auf Grund eigenen *subjektiven* Erlebens auf den äußeren Temperaturzustand geschlossen habe; vielmehr soll mir dieser Temperaturzustand selbst nur durch eine äußere Beobachtung zur Kenntnis gelangt sein, eben durch eine Thermometerablesung.

geschlagene Erklärung die einzig mögliche ist und daher die einzig wahre sein muß. Selbst wenn man auf der physikalisch-biologischen Ebene alles als gültig akzeptiert, bleibt noch die psychologische Hypothese. Sie wurde entweder aus der eigenen Erfahrung gewonnen oder empirisch bestätigt. Vermutlich ist sie in dieser Form unrichtig, da sie höchstens dann haltbar ist, wenn sie als statistische Regelmäßigkeit formuliert wird. Jedenfalls *kann* sie unrichtig sein. Ferner müßte die „Verinnerlichung", der Übergang von *B* zu *B'*, durch eine eigene Hypothese formuliert werden, die ebenfalls unrichtig sein kann. Das gleiche gilt für die Verinnerlichung der Reaktion, den Übergang von *C* zu *C'*. Es gibt kein zwingendes Verfahren, um einer Person, die sich in einer speziellen physischen Situation befindet, einen bestimmten Gefühlszustand oder ein bestimmtes Motiv zuzuschreiben. Darum kann ich mich bei meiner Deutung irren und benötige für meine Stützung einen empirischen Test. Vielleicht ist mein Nachbar selbst kälteunempfindlich und hat nur deshalb eingeheizt, weil er Gäste erwartet, von denen er annimmt, daß sie frieren würden. Oder er heizte ein, um seinen Gästen mit dem brennenden Kamin zu imponieren. Vielleicht wäre sogar nur eine psychoanalytische Erklärung adäquat: das Feueranzünden hatte etwa nur eine „symbolische Funktion", da er aus irgendeinem Grunde von dem unbewußten Motiv getrieben wird, sein Haus niederzubrennen. Wieder zeigt sich, daß das Postulieren von „inneren" Zuständen sowie von Motiven sich letzten Endes auf die eigene persönliche Erfahrung stützt und daß die gesuchte Erklärung außerdem von der Fähigkeit, die eigenen Erlebnisse zu verallgemeinern, abhängt. Es bestätigt sich von neuem, daß keine Rede davon sein kann, daß diese Operation ein Verifikationsverfahren liefert.

Daß man diese Operation auch auf allgemeine Gesetzmäßigkeiten selbst, z. B. auf solche von statistischer Natur, anwenden kann, sei an folgendem Beispiel gezeigt[33]: Statistiker haben festgestellt, daß in den Vereinigten Staaten eine starke Korrelation zwischen dem jährlichen Ernteergebnis und dem Prozentsatz an Heiraten in einem gegebenen Jahr besteht. Mit Hilfe von statistischen Überprüfungsmethoden wurde festgestellt, daß diese Korrelation keine scheinbare ist. Man kann daher diese Feststellung als eine gut bestätigte statistische Hypothese betrachten. Verfechter der Verstehenstheorie werden vielleicht einwenden, daß diese Art von Bestätigung überflüssig sei. Die Korrelation biete für uns kein Problem, weil wir den darin ausgedrückten Zusammenhang *verstehen* könnten. Der Verstehensakt kann schematisch in Analogie zum vorigen Fall charakterisiert werden: Gewisse äußere Situationen werden „verinnerlicht", d. h. in die Sprache der Gefühlszustände der beteiligten Menschen übersetzt. Die Regelmäßigkeiten, welche Zusammenhänge zwischen äußeren Fakten beschreiben, sind etwa

---

[33] TH. ABEL, a. a. O., S. 681.

die folgenden: „schlechte Ernten verringern die Farmereinkünfte" und: „wenn man heiratet, geht man neue Verpflichtungen ein". Kürzen wir „Verringerung der Einkünfte" durch „B" ab und „Eingehen neuer Verpflichtungen" durch „C", so wird B in den Emotionsausdruck übersetzt: „Gefühl der Angst" (B'), während C zu „Furcht vor neuen Verpflichtungen" (C') verinnerlicht wird. Nachdem diese beiden „Übersetzungen" vollzogen sind, fügen wir die Verhaltensmaxime hinzu: „Menschen, die von einem Gefühl der Angst beherrscht sind, fürchten sich davor, neue Verpflichtungen einzugehen". Diese Maxime zusammen mit den beiden angeführten Generalisierungen liefert auf der Grundlage der beiden „Übersetzungsregeln" die statistische Korrelationsaussage, von der wir nun sagen, daß wir sie verstehen.

Der obige Hinweis auf die angebliche Überflüssigkeit der Bestätigung unserer statistischen Hypothese zeigt die potentiellen Gefahren, die in dieser Operation stecken. Denn ebensowenig wie in den früheren Fällen liefert die Verstehensmethode hier ein Verifikationsverfahren. Wir können die Korrelationshypothese nicht bereits deshalb akzeptieren, weil wir den in ihr ausgedrückten Zusammenhang zu verstehen glauben. Vielmehr müssen wir uns dabei auf die durch statistische Erhebungen gewonnenen empirischen Daten stützen, welche zeigen, daß die fragliche Korrelation tatsächlich eine sehr große ist. Auf der anderen Seite würden wir die statistische Hypothese bei Vorliegen der bestätigenden empirischen Daten auch dann beibehalten, wenn uns diese Art von „Verständnis" des Zusammenhanges fehlte, was wieder zeigt, daß die Operation des Verstehens für die Gewinnung geeigneter Hypothesen *nicht notwendig* ist. Die Begründung für diesen Sachverhalt ist wieder genau dieselbe wie vorher: Die aus der persönlichen Erfahrung gewonnene generelle Verhaltensmaxime braucht, auch wenn sie uns als selbstevident erscheint, auf andere Menschen nicht zuzutreffen. Ebenso stecken in Aussagen, die oben im Anschluß an ABEL etwas vage als „Übersetzungsregeln" bezeichnet wurden, zu überprüfende *empirische Hypothesen*, in denen deterministische oder statistische Zusammenhänge zwischen der Realisierung objektiv feststellbarer äußerer Situationen und dem Auftreten bestimmter Arten von subjektiven Gefühlszuständen behauptet werden. Hierbei tritt zugleich die Gefährlichkeit in der Wahl einer bestimmten Terminologie deutlich zutage: Der Ausdruck „Übersetzungsregel" legt nahe, daß es sich nur um eine semantische Deutung, nicht aber um eine empirische Hypothesenbildung handle.

Auf der anderen Seite zeigen diese Beispiele, daß der praktisch-heuristische Wert des „Verstehen" genannten Kunstgriffs nicht zu unterschätzen ist. Um Hypothesen bestätigen zu können, müssen sie zunächst einmal vorliegen. Und sie sind erst dann „da", wenn sie einem Fachmann zuvor eingefallen sind. Virtuose Handhabung unserer Operation durch den Psychologen und Historiker kann sich daher für das vorbereitende Abtasten eines

Forschungsbereiches aus der menschlichen Sphäre als äußerst fruchtbar erweisen und das Angebot an ernsthaft diskutierbaren Hypothesen wesentlich erhöhen. Wo das Angebot gering oder gleich Null ist, da ist auch die Wahrscheinlichkeit, das Richtige zu treffen, gering oder gleich Null. Insofern kann diese etwas irreführend als „Methode" bezeichnete Operation eine wichtige Funktion im historischen Erkenntnisprozeß erfüllen. Wenn wir nur von einem heuristischen Verfahren sprechen, so darf auf dieses „nur" kein zu großes Gewicht gelegt werden. Es soll uns bloß daran erinnern, daß auch der begnadetste Historiker die Wahrheit nicht mit Löffeln gegessen hat und über keine geheime Methode verfügt, um in das Innere anderer geistiger Wesen einzudringen. Empirische Überprüfung seiner genialen Intuitionen bleibt unerläßlich.

5.e Als zweite semantische Frage hatten wir oben die nach dem Sinn des Wissens um fremde Bewußtseinsvorgänge erwähnt. An sich führt diese Frage weit über das gegenwärtige Thema hinaus. Sie umfaßt ja den ganzen philosophischen Problemkomplex der Erkenntnis des Fremdseelischen. Man sollte sie dennoch mit der gegenwärtigen Problematik in Zusammenhang bringen, weil der Historiker mit Recht darauf hinweisen kann, daß wir häufig sagen, wir wüßten z. B. um die Gefühle und Motive anderer Personen. Man würde sich die Sache zu leicht machen, wollte man einfach erwidern, daß dies eine inkorrekte Verwendung von „Wissen" sei. Der Arzt *weiß*, daß sein Patient große Schmerzen hat und nicht simuliert; ich *weiß*, daß mein Freund mich nicht anlügt etc. So jedenfalls wird das Wort „wissen" gebraucht. Sollte dieser Gebrauch verboten werden, so käme dies einer Vorschrift zur Änderung unserer Alltagssprache gleich; das Wort „wissen" wäre fast ganz aus dem Sprachverkehr zu ziehen[34].

Daß die Neigung dazu besteht, mag zum Teil auf der Annahme beruhen, daß aus *empirischen* Gründen ein Wissen um fremde Gedanken, Empfindungen und Gefühle unmöglich sei. Diese weitere Annahme wiederum dürfte ihre Wurzel darin haben, daß wir dem naheliegenden Gedanken verfallen, diese psychischen Phänomene in einer bestimmten Analogie zu körperlichen Objekten, Zuständen und Vorgängen zu sehen. Darauf kommen wir in der Diskussion der Frage (3) zurück. Hier kommt es dagegen auf dreierlei an: Erstens schließt dieser Gebrauch von „wissen" nicht logisch die Möglichkeit des Irrtums aus. Er bedeutet bloß eine *praktische* Sicherheit,

---

[34] Ich bin berechtigt zu sagen: „ich weiß, daß *p*", wenn ich gute Gründe für *p* besitze. Da aber auch gute Gründe keineswegs die Wahrheit garantieren, kann durchaus der nur scheinbar paradoxe Fall eintreten, daß ich zum Zeitpunkt *t* berechtigt bin zu behaupten: „ich weiß, daß *p*", obwohl ich nicht weiß, daß *p*, da *p* falsch ist und Wissen um *p* die Wahrheit von *p* einschließt. Kenntnis neuer Fakten wird mich in einem solchen Fall später veranlassen zu sagen: „obwohl ich zu *t* mit Recht *behauptete*, ich wisse, daß *p*, wußte ich es tatsächlich nicht, sondern *glaubte* es nur zu wissen". Für Details der Sprachspiele mit „glauben" und „wissen" vgl. W. STEGMÜLLER, [Glauben].

die mit theoretischem Zweifel verträglich ist. Vom rein theoretischen Standpunkt bleibt das mit Recht als gewußt Behauptete hypothetisch. Zweitens ist es wichtig zu erkennen, daß in solchen Fällen unser Anspruch, um „das Innere" eines anderen Menschen zu wissen, sich *nicht* auf unsere Fähigkeit zu *nachfühlendem Verstehen* stützt, sondern *auf empirisches Wissen um andere Gegebenheiten*: der Arzt weiß um die Schmerzen des Patienten, weil er dessen Krankheit oder dessen Wunde kennt; ich weiß um die Wahrhaftigkeit des Freundes, weil ich ihn aus langer persönlicher Erfahrung kenne usw. Drittens darf nicht übersehen werden, daß solche Situationen, in denen wir im Alltag von „wissen" um die Gedanken und Gefühle eines Anderen Sprechen, im historischen Fall fast nie gegeben sind. Der Historiker steht zu seinen Gegenständen auf Grund des Quellenmaterials nur in einer *indirekten* Beziehung. Hier ist bereits die äußere Situation hypothetisch, um die zu wissen eine Voraussetzung dafür sein muß, daß man eine Kenntnis der zugrundeliegenden seelischen Vorgänge erlangen kann.

In uns herrscht heute allerdings noch immer das Bild vom Geist als einem Gegenstand vor, der sich in einer abgeschlossenen Kammer befindet, zu der nur eine einzige Person Zutritt hat. Damit sind wir bei der dritten Frage angelangt. Verschiedene Philosophen, insbesondere L. WITTGENSTEIN und G. RYLE, haben dieses Bild bekämpft. Wäre es zutreffend, so wäre die obige Annahme, daß ein Wissen um Fremdseelisches empirisch unmöglich sei, verständlich: Ist es mir verwehrt, in ein Zimmer einzutreten, so ist es mir empirisch unmöglich, die darin befindlichen Gegenstände zu erkennen und zu beschreiben. Wenn nur der Besitzer Zutritt hat, so ist auch nur er zu dieser Erkenntnis fähig. Ebenso soll nur der Besitzer der geistigen Vorgänge einen unmittelbaren Zutritt zu diesen haben und daher um sie wissen können. Wäre diese Analogie richtig, so wäre es allerdings eine zu schwache These, zu behaupten, daß ein Wissen um Fremdseelisches empirisch unmöglich ist. Im Gegensatz z. B. zu dem Zimmer, wo ich mir ja immerhin prinzipiell irgendwie Zugang verschaffen könnte, soll das „Hinübersteigen in die fremde Bewußtseinswelt" prinzipiell ausgeschlossen sein. Ein Wissen um fremdes Geistes- und Seelenleben wäre dann *logisch* unmöglich.

Daß dieses Bild bei den Verfechtern der Operation „Verstehen" vorherrschend ist, dürfte sicher sein: Kann man zu der verborgenen Welt des fremden Geistes auf normalem Wege keinen Zugang finden, so kann nur eine außergewöhnliche höhere Fähigkeit wie das Verstehen diesen Zugang verschaffen. Wir können uns hier mit dieser Auffassung nicht in extenso auseinandersetzen, sondern beschränken uns auf die für den Historiker interessanteren Fälle von Phänomenen wie Intentionen, Ziele, Motive, Wollen[35]. Von einem Bild von geistigen Vorgängen sprechen wir aus

---

[35] Für eine knappe Schilderung der Wittgensteinschen Auffassung zu dem ganzen Fragenkomplex vgl. W. STEGMÜLLER, [Gegenwartsphilosophie], S. 645ff.

folgendem Grund: Körperliche Vorgänge können wir in ihrem zeitlichen Ablauf, in ihrer räumlichen Ausbreitung und in zahlreichen weiteren Merkmalen beschreiben. Wenn wir von NAPOLEONs *Machtwillen* sprechen und uns diesen Willen als eine unsichtbare, unkörperliche Kraft, als einen „spirituellen Dampf" (GARDINER) vorstellen, so gelangen wir sofort zu Sinnlosigkeiten, wenn wir Fragen stellen, die wir auf Grund dieser Konzeption stellen müssen. War dieser Machtwille ein ständig präsentes Erlebnis, analog etwa einem Druck in der Magengegend oder einem Zahnschmerz? Oder kam und ging dieses Erlebnis in vorhersehbarer oder nicht vorhersehbarer Weise? Ließ es nach, wenn er sich anschickte, einen Brief zu diktieren? Konnte er diesen Willen manipulieren, ihn an- und abstellen, je nachdem, ob er seiner gerade bedurfte oder nicht? Hielt der Drang zur Macht an, während NAPOLEON schlief? etc. Oder wenn ein Historiker die Behauptung aufstellt, daß die Politik von RICHELIEU von dem *Ziel* beherrscht war, eine zentralisierte französische Monarchie zu errichten[36], so haben wir abermals die Neigung, uns durch körperliche Analogiebilder verführen zu lassen und Motive und Zielsetzungen zu substanzialisieren. So wie ein Blindenhund den Blinden, ein Ortskundiger den Fremden führt, so leitet nach diesem Bild die feste Intention oder das beherrschende Ziel die Handlungen eines Menschen. Wieder zeigen die zu dem ersten Beispiel analogen Fragen, daß diese Auffassung schief ist. Es ist nicht sinnvoll, darüber zu reflektieren, wann dieser Prozeß in RICHELIEUs Geist einsetzte, wie lange er dauerte, ob er bisweilen unterbrochen wurde, ob er in Wellen kam und ging, welche genauen Qualitäten dieses Erlebnis besaß usw.

Von solchen bildhaften, obgleich tief eingewurzelten Vorstellungen vom „Arbeiten des Geistes" müssen wir uns zu befreien versuchen. Erklärungen aus Motiven sind eher vergleichbar mit dispositionellen Erklärungen, vielleicht sogar mit solchen, in denen abstrakte theoretische Begriffe verwendet werden, die nur partiell und auf sehr indirekte Weise empirisch deutbar sind (vgl. auch Abschn. 8 und 9). P. GARDINER geht wohl zu weit, wenn er (a. a. O., S. 124) behauptet, daß eine auf Ziele, Intentionen, Wollen Bezug nehmende Erklärung („*x* tat *y*, weil er *z* wollte") keine kausale Erklärung darstelle, da in ihr nicht die Existenz einer kausalen Relation zwischen zwei Ereignissen behauptet wird. Demgegenüber weisen W. DRAY und C. G. HEMPEL mit Recht darauf hin, daß dies auf einer zu engen Fassung von „kausale Erklärung" beruht. Was die Verstehenstheorie betrifft, so dürfte jedenfalls eine bereinigte Theorie des Geistes zumindest den Effekt haben, die hinter ihr stehenden Impulse abzuschwächen.

Zusammenfassung: Den metaphysischen Hintergrund für die Theorie des Verstehens bildet ausdrücklich oder implizit ein verkehrtes Bild von den

---

[36] Vgl. die Diskussion dieses Beispiels bei P. GARDINER, [Historical Explanation], S. 122ff.

geistigen Vorgängen als einer unsichtbaren Welt hinter der sichtbaren Welt des Körperlichen. Dispositionen wie Motive werden darin zu gespensterhaften geistigen Agenten „hinter der Szene". In der Methode des Verstehens wird irrtümlich eine Erkenntnisweise erblickt, welche die Garantie der Wahrheit in sich trage, sozusagen eine Anwendung des Wortes SPINOZAS „veritas norma est sui et falsi" auf den menschlich-geschichtlichen Fall. Damit verbindet sich dann meist die Vorstellung, daß die geschichtliche Erkenntnis dadurch ausgezeichnet sei, daß sie eine Erkenntnis des „Einmaligen" und „Unwiederholbaren" bilde. Und um die Begriffsverwirrung vollständig zu machen, wird häufig das „Verstehen" dem „Erklären" gegenübergestellt: ein *heuristisches Verfahren* zur Gewinnung, aber nicht zur Verifikation von Hypothesen einer *wissenschaftlichen Argumentationsweise*, in der spezielle Formen von Warum-Fragen beantwortet und die Antworten begründet werden sollen. Trotz dieses harten erkenntnistheoretischen Urteils kann man zugeben, daß W. DILTHEY und andere viele interessante, aufschlußreiche und zutreffende Feststellungen zur Methode des Verstehens machten. Der Fehler, der von DILTHEY, seinen Nachfolgern und den Vertretern ähnlicher Auffassungen begangen wurde, bestand in unhaltbaren erkenntnistheoretischen Folgerungen, die aus der Charakterisierung dieses Verfahrens gezogen wurden.

Unsere Diskussion über das Verstehen ist noch nicht gänzlich abgeschlossen. In einem späteren Abschnitt werden wir eine neuartige moderne Variante dieser Theorie kennenlernen, *die Theorie der rationalen Erklärung* von W. DRAY.

6. Erklärung, warum etwas geschah, und Erklärung, wie es möglich war, daß es geschah

Nach W. DRAY muß man zwei verschiedene Arten der Verwunderung oder der Fragestellung unterscheiden, die zu historischen Erklärungen führen können[37]. Diesem Unterschied entspreche eine Unterscheidung zwischen zwei historischen Erklärungstypen. In historischen Erklärungen komme es nämlich häufig nicht darauf an zu zeigen, was ein Ereignis verursachte, welche Motive einen Handelnden zu einem bestimmten Entschluß führten etc., also (in der Ausdrucksweise von DRAY) darauf hinzuweisen, daß das zu Erklärende sich auf Grund bestimmter Antecedensbedingungen mit *Notwendigkeit* ereignete. Vielmehr handle es sich in vielen Fällen darum zu zeigen, wie das, was sich ereignete, *möglich* war. Diese beiden Arten von historischen Erklärungen könnte man schlagwortartig unterscheiden als den *warum-notwendig-Fall* und den *wie-möglich-Fall*. Den

---

[37] W. DRAY, a. a. O., S. 156 ff.

Unterschied kann man sich nach DRAY dadurch verdeutlichen, daß die beiden Erklärungen in der Zurückweisung verschiedenartiger Annahmen bestehen[38]. Wenn man erklärt, *warum* sich etwas ereignete, so weist man damit die Annahme zurück, daß das, was sich ereignete, nicht hätte geschehen müssen, und zwar dadurch, daß man zeigt: es mußte so kommen, das „müssen" im kausalen Sinn des Einklangs mit einem Kausalgesetz verstanden. Wenn man erklärt, *wie es möglich war, daß* etwas sich ereignete, weisen wir damit die Annahme zurück, daß es sich nicht hätte ereignen können, und zwar dadurch, daß wir zeigen: auf der Basis der bekannten Tatsachen besteht kein vernünftiger Grund anzunehmen, daß es sich *nicht* hätte ereignen können.

Diese Gegenüberstellung ist allerdings zu schematisch; denn für den ersten Erklärungstyp wird nur der deterministische Fall berücksichtigt. Soweit statistische Gesetzmäßigkeiten verwendet werden, zeigt die Antwort auf die Warum-Frage nicht, daß es so geschehen mußte, sondern nur, daß das, was geschah, auf Grund der Antecedenstatsachen und geltenden Gesetze sehr wahrscheinlich war. Dem wie-möglich-Fall stehen genau zwei andere gegenüber: der *warum-notwendig-Fall* sowie der *warum-wahrscheinlich-Fall*.

Der wie-möglich-Fall liegt dann vor, wenn ein Historiker erklärt, wie es zu einem bestimmten Verlauf der Geschehnisse kam, obzwar auf Grund der bekannten vorangehenden Bedingungen etwas ganz anderes zu erwarten gewesen wäre. Die Problemstellung kann sich auf ein relativ isoliertes Einzelereignis beziehen; so z. B. wenn wir fragen: „Wie war es möglich, daß dieses Schiff mit einem anderen kollidierte, wo doch alle erdenklichen Sicherheitsvorkehrungen getroffen waren?" Sie kann sich aber auch auf ein umfassendes Ereignis beziehen, etwa auf eine soziale oder politische Umwälzung von weltgeschichtlicher Tragweite: „Wie war es möglich, daß sich in diesem Staat plötzlich die parlamentarische Demokratie durchsetzte, wo doch auf Grund der vorangegangenen Entwicklung mit einer Verschärfung des Despotismus zu rechnen gewesen wäre?"[39] Die adäquate Beantwortung solcher Fragen besteht in dem Nachweis, daß das zunächst unmöglich Erscheinende doch möglich oder das zuvor sehr unwahrscheinlich Aussehende gar nicht so unwahrscheinlich war.

Um diese Gegenüberstellung zweier Erklärungstypen von DRAY richtig einordnen zu können, ist es zweckmäßig, auf die frühere Unterscheidung zwischen dem semantischen, d. h. dem logisch-systematischen, und dem pragmatischen Erklärungsbegriff zurückzukommen. Bei dem ersteren handelt es sich um eine zweistellige Relation „*x* erklärt *y*" bzw. „*X* ist Ex-

---

[38] a. a. O., S. 161.
[39] Für ein konkretes Beispiel aus der englischen Geschichte vgl. W. DRAY, a. a. O., S. 162f.

planans für Y"[40]. In den pragmatischen Erklärungsbegriffen wird dagegen
auch auf die Personen Bezug genommen, die am Erklärungsvorgang beteiligt sind. Einer dieser pragmatischen Begriffe kann so wiedergegeben
werden: „x erklärt die Tatsache y für die Person P". Auch der von DRAY
hervorgehobene Begriff der Erklärung, wie etwas möglich ist, gehört zur
Kategorie der *pragmatischen* Begriffe; denn darin muß ausdrücklich auf die
Überzeugungen einer Person: des Fragenden, des Lesers, des Auditoriums usw.
Bezug genommen werden. Die Erklärung besteht darin, daß entweder
gewisse Irrtümer in diesen Überzeugungen aufgezeigt oder diese Überzeugungen durch zusätzliche Informationen ergänzt werden.

Insgesamt können hier vier verschiedene Fälle unterschieden werden.
Die erste Möglichkeit ist die, daß der Fragende über die relevanten Tatsachen oder Gesetze *falsch informiert* ist. Die Erklärung besteht in einer
Berichtigung der Ansichten des Fragestellers. Die auf die Schiffskollision
bezogene Frage kann z. B. durch den empirischen Nachweis beantwortet
werden, daß doch nicht alle Sicherheitsvorkehrungen getroffen waren, da
z. B. der Mann am Radar-Kontrollgerät eingeschlafen war oder sich uner-
laubt entfernt hatte. Eine zweite Möglichkeit bildet ein *Irrtum* im Argument
des Fragenden. Wenn jemand fragt, wie y möglich war, so wird dem meist
die blitzschnelle Überlegung vorangegangen sein, daß y auf Grund des
sonstigen Wissens über die Sachlage unmöglich oder äußerst unwahrscheinlich gewesen sei. Dabei kann ein Fehler unterlaufen sein. Der Befragte
braucht in einem solchen Fall die Überzeugung des Fragenden nicht zu
berichtigen; er kann sie vielmehr sogar bestätigen. Er hat bloß nachzu-
weisen, daß diese Überzeugung nicht die Annahme stützt, daß y nicht hätte vorkommen können. Eine dritte Möglichkeit kann in dem Fall gegeben
sein, wo der Fragesteller sich für seine Überzeugung, daß y eigentlich nicht
hätte vorkommen können, auf statistische Gesetze oder allgemeiner auf induktive Überlegungen stützt. Hier gilt das sogenannte „Prinzip des Gesamt-
datums", wie R. CARNAP dies nennt: Um ein induktives Argument auf eine
gegebene Situation anwenden zu können, muß *alles relevante Tatsachen-
wissen* herangezogen werden, da der Grad, in dem eine Annahme bestätigt
ist, mit diesem Wissen variiert[41]. Die adäquate Beantwortung einer „wie-
war-es-möglich-daß"-Frage wird in einem solchen Fall darin bestehen, dem
Fragesteller die erforderliche breitere empirische Informationsbasis zur Verfügung zu stellen: dasjenige, was ihm auf Grund seiner ursprünglichen schma-
len Informationsbasis als sehr unwahrscheinlich erschien, wird auf Grund
dieser breiteren Basis zu etwas mehr oder weniger Wahrscheinlichem. Die-

---

[40] Die verschiedenen Möglichkeiten der Konstruktion dieser Relation in
einer nominalistischen oder platonistischen Sprache spielen im gegenwärtigen
Kontext keine Rolle.
[41] Eine genauere Diskussion dieses Sachverhaltes, insbesondere im Zusammenhang mit statistischen Erklärungen, findet sich im vorletzten Kapitel.

ser dritte Fall wird bei historischen wie-möglich-Fragen häufig gegeben
sein. So etwa waren dem Fragesteller gewisse geschichtliche Details unbekannt, deren Hinzufügung zu dem von ihm bereits Gewußten den Übergang zu einer parlamentarischen Demokratie nicht nur nicht fast unmöglich
erscheinen läßt, sondern als etwas, das mit großer Wahrscheinlichkeit zu
erwarten war. Die vierte Möglichkeit ist schließlich die, daß weder die Informationsbasis des Fragestellers, die gewisse probabilistische Annahmen
enthält, falsch oder zu eng war noch ein inkorrekter Schluß gezogen wurde,
sondern daß das auf Grund der Daten nicht zu Erwartende trotzdem eingetreten ist. Hier kann die Antwort in nichts weiter bestehen als darin, auf eine
allgemeine Tatsache aufmerksam zu machen, die für probabilistische Überlegungen gilt: *daß auch das sehr Unwahrscheinliche immer eintreten kann, sofern
es nur überhaupt möglich ist.*

DRAY hat übrigens auch den Unterschied zwischen den beiden pragmatischen Begriffen überscharf pointiert. Zweierlei ist hier zu bemerken:
Erstens kann selbst hinter einer Frage von der Gestalt „warum ist es (war
es) der Fall, daß *p*?" die Annahme stecken, daß eigentlich nicht *p* zu erwarten gewesen wäre. In einem solchen Fall wird der Fragende meist
zweierlei verlangen: zunächst, daß ihm eine korrekte Erklärung für den
Sachverhalt *p* gegeben wird; außerdem aber auch, daß ihm gezeigt wird,
welche seiner Annahmen, auf die sich seine ursprüngliche Erwartung
stützte, falsch waren bzw. in welcher Hinsicht diese unvollständig gewesen
sind. Zweitens läßt sich in den meisten Fällen eine wie-möglich-Frage in eine
Warum-Frage umformulieren. „Wie ist es möglich, daß *p*?" kann oft durch
die gleichwertige Frage ersetzt werden: „warum ist es nicht der Fall, daß
nicht-*p*?" Auch wenn die Frage in dieser Form gestellt wird, ist es klar, daß
die Antwort darin bestehen muß zu begründen, warum es falsch war, daß
der Fragesteller nicht-*p* erwartete, z. B. wegen der Unrichtigkeit oder Unvollständigkeit seiner Tatsachenannahmen.

Wie DRAY selbst hervorhebt[42], liefert eine Antwort auf eine wie-möglich-Frage ein schwächeres Ergebnis als eine Antwort auf eine Warum-
Frage. Hat man die erste Frage beantwortet, so kann man dazu übergehen,
zusätzlich die Beantwortung der zweiten zu verlangen, aber nicht umgekehrt. Zumindest die Aufforderung zu einem solchen Übergang wird häufig
stattfinden, da der Fragende sich gewöhnlich nicht damit begnügen wird,
auf die Fehler und die Unvollständigkeit in seinen Überzeugungen aufmerksam gemacht zu werden, sondern auch erwarten wird, daß man ihm für das
ihn überraschende Vorkommnis eine überzeugende Erklärung liefert. Dies
wäre dann das Gegenstück zu dem Fall einer Warum-Frage, die mit der im
vorigen Absatz erwähnten Erwartung gekoppelt ist. Wir würden dann die
folgende Abstufung erhalten: Beantwortung einer wie-möglich-Frage →

---

[42] a. a. O., S. 168.

Erklärungsskizze → Erklärung. Wie HEMPEL hervorhebt[43], kann die Hoffnung auf eine Erklärung aber bisweilen nicht erfüllt werden, einfach weil es nichts zu erklären gibt, da z. B. die Annahmen des Fragestellers gänzlich absurd waren oder auf Aberglauben beruhten. Wenn jemand fragt „wie ist es möglich, daß mir nichts zugestoßen ist, obwohl mir vorige Woche eine schwarze Katze über den Weg lief?", so kann man nichts anderes tun als versuchen, ihn davon zu überzeugen, daß seine Hypothese falsch war und daß ein weiteres Festhalten an ihr Aberglauben bedeute: es besteht keine empirische Korrelation, weder eine deterministische noch eine statistische, zwischen dem Anblick schwarzer Katzen und darauf folgenden Unglücksfällen.

DRAY hatte zweifellos recht, wenn er auf diesen für historische Erklärungen wichtigen pragmatischen Aspekt hinwies. Man darf dabei aber nicht die Tatsache aus den Augen verlieren, daß es sich auch *nur* um eine pragmatische Gegenüberstellung handelt. Es ist daher schief, wenn DRAY den wie-möglich-Fall gegen den H-O-Erklärungsbegriff ausspielt. Dieser letztere ist ein logisch-systematischer Begriff, bei dem von den pragmatischen Dimensionen mit ihrer Relativität auf den Wissenszustand eines bestimmten Subjektes abstrahiert wird.

7. Rationale Erklärung

7.a Der Begriff der rationalen Erklärung bei W. Dray.
Häufig erklären wir menschliche Handlungen dadurch, daß wir auf die Gründe zurückgehen, die dieses Handeln motivierten. Zu diesen Gründen gehören die *Ziele*, die der Handelnde verfolgt, sowie seine *Überzeugungen*, sein *Glauben* darüber, welche Wege zur Erreichung dieser Ziele offenstehen. Letzteres nennen wir die *Informationsbasis* des Handelnden. Relativ auf die Ziele sowie auf die Informationsbasis kann uns eine Tätigkeit als vernünftig (rational) oder als unvernünftig (irrational) erscheinen. Im ersten Fall verliert die Handlung den Charakter des Unverständlichen: wir kommen zur Einsicht, daß sie auf Grund dieser Ziele und Überzeugungen zu erwarten war. Die doppelte Relativität ist dabei zu beachten: Die Überzeugungen eines Handelnden können uns als gänzlich unsinnig erscheinen, ebenso seine Zielsetzung; trotzdem kann seine Tätigkeit vernünftig sein, wenn wir diese beiden motivierenden Faktoren *als gegebene Daten* betrachten. Eine Erklärung, in welcher der Nachweis erbracht wird, daß die Tätigkeit eines Menschen eine in diesem Sinn vernünftige Handlung darstellte, bildet eine *rationale Erklärung*.

---

[43] [Aspects], S. 429, Fußnote.

Wenn wir hier den Ausdruck „Gründe" gebrauchen, so sind dies keine theoretischen Gründe, sondern *praktische*. Theoretische Gründe sind Prämissen, aus denen logische oder probabilistische Folgerungen gezogen werden können. Praktische Gründe sind demgegenüber die Vernunftbasis für eine rationale Entscheidung. Sind solche praktische Gründe zugleich Ursachen? Hier scheint es, daß es darauf ankommt, unter welchem Gesichtspunkt man die Handlung betrachtet. *Vom Standpunkt des Handelnden selbst* scheint die Rede von Ursachen unangemessen zu sein. Er wird auf die Frage: „warum tust du dies?" in der Regel nicht mit einem Weil-Satz, sondern mit einem Damit-Satz oder einem Um-zu-Satz antworten: er tue es, um das und das zu erreichen. *Vom Standpunkt des Erklärenden* dagegen scheint nichts im Wege zu stehen, Motive unter die Ursachen des zu erklärenden Ereignisses, das diesmal eine Tätigkeit ist, aufzunehmen. Man könnte sagen: *Des Handelnden Gründe sind dem Erklärenden Ursachen (oder Mitursachen)*.

Selbstverständlich sind nicht alle Erklärungen, die ein Historiker gibt, rationale Erklärungen. Er stößt auf diese vielmehr — häufig, wenn auch nicht immer — in jenen speziellen Fällen, wo er die Tätigkeiten von Individuen verständlich zu machen versucht, die wichtig genug sind, um in seiner historischen Schilderung erwähnt zu werden. DRAY vertritt die Auffassung, daß der Begriff der rationalen Erklärung das wichtige Kernstück der Theorie des Verstehens darstelle. Er schließt sich jener Lehre auch in der Kritik an, daß die Subsumtion unter Gesetze nur ein „äußerliches", aber kein wirkliches Verständnis liefere. Wo immer rationale Erklärungen möglich sind, erweise sich das H-O-Schema der Erklärung als gänzlich inadäquat. Wir können daher in DRAYs Auffassung eine moderne Variante der Verstehenstheorie erblicken.

Die Erklärung einer geschichtlichen Handlung besteht nach DRAY häufig darin, daß der Erklärende die „Kalkulationen", d. h. die berechnenden Überlegungen des Handelnden über die unter den gegebenen Umständen zu wählenden Mittel zur Erreichung seiner Ziele rekonstruiert[44]. Es braucht dabei nicht vorausgesetzt zu werden, daß die Handlungen in dem Sinn auf vorsätzlichen Überlegungen beruhten, daß sie nach einem festen ausgearbeiteten Plan verrichtet worden sind. Die berechnende Überlegung, die man in einem solchen Fall rekonstruieren kann, ist jene, die der Handelnde vorgenommen *hätte*, wenn ihm genügend Zeit zur Verfügung gestanden *wäre*.

Die Inadäquatheit des Gesetzesschemas der Erklärung zeigt sich nach DRAY auf Grund folgender Überlegung: In solchen Erklärungen gehe es nicht darum zu zeigen, daß das, was getan wurde, etwas ist, das unter solchen Umständen auf Grund von (deterministischen oder statistischen) Gesetzen getan wird. Vielmehr werde darin gezeigt, *daß das, was getan wurde,*

---

[44] Vgl. W. DRAY, a. a. O., S. 122. Er bezieht sich dort als Beleg auf ein Beispiel aus TREVELYANs "The English revolution".

aus den gegebenen Gründen zu tun war. Die historische Erklärung trifft sich
in solchen Fällen mit einer der alltäglichen Verwendungen von „erklären": Die Aufforderung „erkläre, warum du das getan hast!" ist ja
häufig zugleich eine Herausforderung an den Handelnden, entweder eine
Rechtfertigung für das, was er getan hat, zu geben oder eine Entschuldigung
dafür vorzubringen. Die Aussagen des Handelnden selbst brauchen nicht
unbedingt befriedigend zu sein. Gründe, über die uns berichtet wird, müssen nach DRAY stets *gute Gründe* sein, um eine rationale Erklärung zu ermöglichen. Sie müssen gute Gründe zumindest in dem Sinn sein, der sich in der
irrealen Konditionalaussage festhalten läßt: Wenn die Situation so gewesen
wäre, wie der Handelnde sie gesehen hat — wobei es keine Rolle spielt, ob
er sie so gesehen hat, wie wir sie jetzt sehen —, dann ist das, was getan wurde, identisch mit dem, was hätte getan werden müssen[45].

Außer der Informationsbasis und den Zielen des Handelnden müssen
wir auch die Rationalitätsprinzipien des Handelnden mit in Rechnung
ziehen, „gleichgültig wie wir selbst darüber denken". Hier berührt sich die
rationale Erklärung mit dem bereits diskutierten Fall der Erklärung, „wie
etwas möglich war". Angesichts einer uns prima facie höchst unzweckmäßig
erscheinenden Handlung einer historischen Persönlichkeit werden wir
häufig die Frage stellen: „Wie war es denn nur möglich, so zu handeln?"
Die Rekonstruktion dieser Entscheidung im Licht der Überzeugungen des
Handelnden, wozu auch alle für ihn relevanten Umstände gehören, seiner
Ziele und Rationalitätsprinzipien liefert häufig eine Antwort auf diese Frage.
Der Erklärende sieht plötzlich den springenden Punkt und gelangt zu der
Erkenntnis: „Nun *verstehe* ich, worum es ihm ging".

Auch der Theorie des nachfühlenden Verstehens gesteht DRAY von
seiner Position aus weit mehr zu als die Vertreter des Gesetzesschemas der
historischen Erklärung, wie z. B. HEMPEL und GARDINER. Nach deren Auffassung sei dies bestenfalls ein methodologischer Kniff, der in vielen Fällen
keinen weiteren Effekt habe als den, mangelhafte empirische Daten mit
phantasievoll erdachten Lückenbüßern auszufüllen, und der im günstigsten
Falle eine positive heuristische Funktion habe. Dieses harte Urteil über das
Verstehen habe seinen Grund darin, daß HEMPEL und seine Anhänger die
Grenzen zwischen zwei Erklärungstypen verwischten: die Unterscheidung
zwischen der Darstellung einer Sache als etwas, *das allgemein so getan wird*,
und als etwas, *das so zu tun war* (das so richtig getan wurde)[46]. Zweck des
nachfühlenden Verstehens ist es, die Ziele wie die Informationsbasis des
Handelnden zu erkennen und dann zu beurteilen, ob und in welchem Sinn
seine Handlungen rational waren. Der Prozeß des Verstehens beginne zwar
mit „*Vorurteilen*" des forschenden Historikers: seinen ursprünglichen An-

---

[45] W. DRAY, a. a. O., S. 124 und S. 126.
[46] a. a. O., S. 128.

nahmen über das, was die relevante Kalkulationsbasis für den Handelnden bildete. (Man könnte dies die Draysche Version der Lehre vom „Verstehenszirkel" nennen.) Nur wenn der Forscher diese seine Apriori-Annahmen als selbstevidente Wahrheiten ausgebe, begehe er einen methodologischen Zirkelschluß. Für den empirisch eingestellten Forscher enthalte das Verfahren eine *Selbstkorrektur*: Neue Fakten, die ihm bekannt werden, können ergeben, daß Ziele, Überzeugungen, Rationalitätsprinzipien andere waren als er zunächst annahm.

Hier müßte man allerdings kritisch hinzufügen, daß solche neuen Fakten auch zum Ergebnis der *Irrationalität* der fraglichen Handlung führen können. Der Forscher müßte dann die Suche nach weiteren Motiven fortsetzen, sofern er glaubt annehmen zu müssen, daß die betreffende Person rational gehandelt hat. Ergebnislose Suche nach solchen weiteren Motiven könnte schließlich dazu führen, die Rationalitätshypothese preiszugeben und die Handlung als irrational anzuerkennen. Damit wäre dann der Weg zu einer andersartigen als der rationalen Erklärung geebnet: z. B. einer Erklärung aus unbewußten Motiven oder allgemeiner einer tiefenpsychologischen Erklärung. Tatsächlich gibt auch DRAY zu, daß es ein Dogma wäre zu behaupten, alle Handlungen ließen sich rational erklären. Nichtrationale Erklärungen von Handlungen bilden eine Alternative zu rationalen Erklärungen. Sie seien aber nicht gleichberechtigt; vielmehr bestehe zwischen den beiden eine Ordnung: „Wir liefern Gründe, wenn wir können, und wenden uns empirischen Gesetzen zu, wenn wir müssen"[47].

Rationale Erklärungen unterscheiden sich nach DRAY von nichtrationalen nicht dadurch, daß die letzteren nicht von allgemeinen Prinzipien Gebrauch machen, die ersteren dagegen doch. In *beiden Fällen* werden vielmehr *universelle Prinzipien* benützt; aber sie sind von verschiedener Natur. Während die Vertreter des Gesetzesschemas nur *empirische Generalisierungen* im Auge haben, muß im Fall der rationalen Erklärung *ein Prinzip des rationalen Handelns* herangezogen werden. Der logische Unterschied zwischen den beiden Fällen zeige sich besonders deutlich in der verschiedenartigen Situation beim Auftreten „negativer Einzelfälle": Ein empirisches Gesetz ist dann widerlegt und muß modifiziert werden; ein rationales Handlungsprinzip ist dagegen nicht falsifiziert. Denn dieses Prinzip werde durch ein Urteil von der Art ausgedrückt: „Wenn die Situation von der Art $C_1, \ldots, C_n$ ist, dann ist das, was zu tun ist, x".[48] Darum enthalte jede rationale Erklärung zugleich ein Moment der *Bewertung*.

7.b Kritik an der Theorie von Dray. Der normative Begriff des rationalen Handelns. Zunächst ist darauf hinzuweisen, daß in gewissen Fällen DRAYs Begriff der rationalen Erklärung auf nichts weiter beruht als auf einer Als-ob-Konstruktion und daher einen fiktiven Charakter hat. Eine

---

[47] a. a. O., S. 138.
[48] a. a. O., S. 132.

derartige Fiktion würde stets dann begangen, wenn der Handelnde sich aus einer blitzartigen Einsicht, ohne detaillierte Überlegung, entschieden hat. Nach Drays Vorschrift müssen wir in solchen Fällen von den Kalkulationen ausgehen, die vom Handelnden angestellt worden wären, wenn ihm Zeit und Umstände diese Überlegungen gestattet hätten. Damit aber erzeugen wir eine paradoxe Situation: *Wir legen der Erklärung Daten zugrunde, von denen wir wissen, daß sie nicht zutreffen.*

Trotzdem braucht diese Idee von Dray nicht einfach preisgegeben zu werden. Sie läßt für gewisse Situationen eine andere Deutung zu. Man kann nämlich ernsthaft erwägen, ob man neben bewußt-rationalen Handlungen nicht auch *unbewußt-rationale* zulassen könne. Wir werden diese Frage später bejahen: Bei den unbewußt-rationalen Tätigkeiten handelt es sich um solche *Aktualisierungen bestimmter Dispositionen, bei deren Erwerbung* derartige Überlegungen eine entscheidende Rolle spielten, *deren Realisierung* im konkreten Fall jedoch nicht von rationalen Überlegungen begleitet ist. Die fraglichen Erklärungen bilden also Spezialfälle von dispositionellen Erklärungen. Dray würde vielleicht erwidern, daß die erwähnten Als-ob-Betrachtungen zwar nicht als Erklärungen im Sinn des Gesetzesschemas der Erklärung dienen könnten, daß eine solche Betrachtung aber als nachträgliche Rechtfertigung der untersuchten Handlung verwendbar sei. Und dies sei eine der Bedeutungen von „Erklärung", von der wir sowohl im *Alltag* als auch *in den Geschichtswissenschaften* Gebrauch machen.

Dies führt uns zu der zweiten, entscheidenderen Kritik. Dray vermengt zwei Betrachtungsweisen, die man vom logischen Standpunkt aus streng auseinanderhalten muß: die *normative* und die *deskriptive* Betrachtungsweise. Auf die Wichtigkeit des Auseinanderhaltens dieser zwei Betrachtungsweisen im gegenwärtigen Zusammenhang hat Hempel mit Recht hingewiesen. Die Vermengung wird durch den verwendeten Ausdruck „rational" sehr begünstigt: Wenn man eine Handlung als rational bezeichnet, so kann diese Behauptung entweder eine *empirische Hypothese* beinhalten oder eine *kritische Beurteilung.* Im ersten Fall behaupte ich, daß etwas unter einen empirischen Begriff fällt, im zweiten Fall beurteile ich, ob etwas einer Norm gemäß ist. Bei Dray stoßen wir auf beides. Seiner Intention nach will er eine Analyse der erklärenden Tätigkeit des Historikers als eines *empirischen* Wissenschaftlers geben; und er betont auch nachdrücklich, *daß seine These im Gegensatz zu den Auffassungen anderer „Verstehenstheoretiker" mit dem Prinzip des Empirismus im Einklang stehe.* Auf der anderen Seite geht aus vielen seiner Äußerungen unzweideutig hervor, daß er dabei eine *normative* Betrachtungsweise im Auge hat. So etwa, wenn er verlangt, daß die in einer rationalen Erklärung gegebenen Gründe *gute* Gründe sein müßten; wenn er von dem spricht, was *zu tun* war; wenn er den „negativen Einzelfällen" in Bezug auf ein Rationalitätsprinzip die falsifizierende Funktion *abspricht*; und wenn er schließlich dieses Prinzip selbst ausdrücklich als ein *Sollensprinzip* formuliert.

Beschränken wir uns vorläufig auf den normativen Aspekt. Nach Drays Auffassung müßte das Explanans einer rationalen Erklärung aus Prämissen von den folgenden beiden Arten bestehen:

(α) Person x befand sich in einer Situation vom Typ C;

(β) In einer Situation vom Typ C ist es angemessen, Y zu tun (... soll Y getan werden)[49].

Offenbar kann aus diesen beiden Prämissen nicht deduziert werden, daß x das und das getan hat. Aber selbst wenn wir im Einklang mit den Überlegungen von II einen denkbar weiten Begriff der Erklärung zulassen, so bildet die Konjunktion von (α) und (β) kein brauchbares Explanans. Die Mindestforderung, die man an ein Explanans zu stellen hat, ist ja die, daß es „vernünftige" Gründe dafür liefert, das Eintreten des zu erklärenden Ereignisses für richtig zu halten. *Das Explanans muß zumindest eine induktive Basis für einen Schluß auf das Explanandum liefern.* Davon aber kann im vorliegenden Fall keine Rede sein. Wie Passmore und Hempel hervorheben, liefern (α) und (β) zusammen nur einen Grund dafür, die folgende Aussage für richtig zu halten: „In einer Situation von der gegebenen Art wäre es für x richtig (oder: richtig gewesen), Y zu tun". *Gründe können „gute Gründe" im normativen Sinn sein, ohne im geringsten das tatsächliche Verhalten einer Person zu beeinflussen.* Solche guten Gründe liefern keine Erklärung des tatsächlichen Verhaltens.

Als *normatives Erklärungsschema* (abgekürzt: NRat für „*normatives Rationalitätsschema*") erhalten wir somit eine Deduktion von folgender Art:

$$(α)$$

(NRat)   (β)

(γ) In der Situation, in welcher sich x befand, wäre es angemessen gewesen, Y zu tun (... hätte x Y tun sollen).

Wie wir eben gesehen haben, kann dieses Schema nicht dazu verwendet werden, um zu erklären, warum die Person x in der fraglichen Situation so und so gehandelt hat. Dennoch kann man über diese rein negative Feststellung von Drays Kritikern hinausgehen und dem Schema (NRat) auch für die empirische Forschung eine wenigstens *heuristische* Funktion zusprechen. Dies gilt zunächst für jene Fälle, in denen wir glauben, annehmen zu dürfen, daß die Person x ein rational Handelnder war. Auf die Problematik

---

[49] Die Frage, wie man (β) *begründen* könne, soll hier ganz ausgeklammert werden.

einer solchen Apriori-Hypothese über die Rationalität von x und ihre Überprüfbarkeit werden wir noch zurückkommen. Hier setzen wir bloß voraus, daß eine derartige Hypothese akzeptiert worden ist. Angenommen nun, der Historiker verfügt über Daten, welche ihm einen seiner Meinung nach hinreichenden Aufschluß geben über die Ziele der geschichtlichen Persönlichkeit und ihre Überzeugungen, sowohl hinsichtlich der gegebenen empirischen Situation wie relevanter moralischer, religiöser und sonstiger Normen. Man beachte, daß alle Daten von solcher Art innerhalb der obigen Prämisse (α) unter dem Begriff „Situation vom Typus C" zusammengefaßt sind. Anwendung des Schemas (NRat) kann dann zu dem Ergebnis führen, daß das tatsächliche Verhalten erheblich von dem abweicht, was in dieser Situation als rationales Verhalten angemessen gewesen wäre. Dieses Ergebnis steht in Konflikt mit der vorausgesetzten Rationalitätshypothese. Falls der Historiker es für unvernünftig oder für wenig begründet hält, diese letztere Hypothese preiszugeben, wird er den Konflikt so zu beheben suchen, daß er die verfügbaren Daten anzweifelt. Seine Forschungen werden somit dahin gehen, zu korrekteren Hypothesen über die Ziele und Überzeugungen der geschichtlichen Persönlichkeit zu gelangen – d. h. also: die verfügbaren Daten entweder durch neues Material zu vervollständigen oder sie durch andere zu ersetzen, bis der Einklang zwischen der auf Grund des normativen Rationalitätsschemas zu erwartenden Tätigkeit und dem tatsächlichen Geschehen zumindest approximativ hergestellt ist. Sollten noch so intensive Forschungen zur Behebung dieses Konfliktes nicht beitragen, so wird sich der Historiker *entscheiden* müssen, ob er entweder das verfügbare Datenmaterial für unüberwindlich lückenhaft ansehen oder die Rationalitätshypothese preisgeben soll. Im letzteren Fall könnte das normative Schema als Gradmesser für das Maß an Irrationalität im Verhalten jener Persönlichkeit dienen. Sollte der Grad beträchtlich sein, so könnte dies Forschungen in neuer Richtung einleiten, z. B. psychoanalytische Erklärungsversuche oder die Suche nach bisher unbekannten, vielleicht krankhaften Zügen im Wesen jener Persönlichkeit, die dieses Maß an Irrationalität verständlich machen etc.

Alle diese Überlegungen sind aber noch immer in einer wesentlichen Hinsicht unvollständig. Wir haben bisher in naiver Weise vorausgesetzt, daß es nur ein einziges Prinzip des rationalen Handelns gäbe. Diese Voraussetzung ist nicht zutreffend. In der sogenannten *Entscheidungstheorie* werden verschiedenartige Prinzipien rationalen Verhaltens aufgestellt. Wir geben hier einen kurzen Hinweis auf die Fallunterscheidungen, die in dieser Theorie vorgenommen werden, und auch auf die Meinungsdifferenzen, die sich hauptsächlich in bezug auf die dritte Klasse von Fällen herausgebildet haben.

7.c Erscheinungsformen des normativ-rationalen Verhaltens. Nach der heute üblichen Klassifikation unterscheidet man zwischen *Entscheidungen unter Sicherheit*, *Entscheidungen unter Risiko* und *Entscheidungen unter Unsicher-*

heit. Von einer Entscheidung unter Sicherheit spricht man dann, wenn die verschiedenen als Möglichkeiten erwogenen Handlungen mit Bestimmtheit zu gewissen Resultaten führen. Hier wie im folgenden ist daran zu erinnern, daß es nicht auf die *objektiven* Verhältnisse ankommt, sondern darauf, *wie der Handelnde diese Verhältnisse beurteilt.* Dies betrifft sowohl spezielle Tatsachen wie die relevanten Gesetzmäßigkeiten. Dem Handelnden können gewisse relevante Einzelheiten der Situation unbekannt sein; analog kann er irrtümlich der Meinung sein, daß bestimmte Tätigkeiten mit Notwendigkeit zu solchen und solchen Konsequenzen führen würden, während in Wahrheit diese Konsequenzen nur mit einer gewissen Wahrscheinlichkeit eintreten. Da die Rationalität der Entscheidung nur relativ auf die Informationsbasis beurteilt wird, kommt es bloß darauf an, wie sich die objektiven Verhältnisse im Bewußtsein des Handelnden spiegeln. Eine Kritik der Informationsbasis selbst auf ihre Adäquatheit oder Korrektheit würde aus dem Rahmen der Aufgabenstellung für ein normatives Entscheidungsprinzip herausfallen.

Des weiteren ist zu beachten, daß in der Regel nicht nur isolierte Einzelziele des Handelnden in Betracht zu ziehen sind, sondern das, was wir sein *Gesamtziel* nennen. In dieses Gesamtziel gehen soziale, moralische und religiöse Normen mit ein, die nach der Überzeugung des Handelnden zu befolgen sind, so daß durch sie gewisse denkbare Handlungsverläufe ausgeschlossen werden. Auch hier gilt wieder: Die Ziel- und Normvorstellungen des Handelnden werden nicht der Kritik unterzogen, sondern *als gegebene Daten* betrachtet. Wichtig ist nur, daß bei der Beurteilung der relativen Wünschbarkeit der Ziele nicht die Einzelziele, sondern das Gesamtziel maßgebend ist. Bis hierher, könnte man sagen, ist die Ausgangsbasis genau dieselbe wie bei DRAY.

Zwischen den potentiellen Gesamtzielen besteht für eine rational handelnde Person die Relation der größeren oder geringeren *Wünschbarkeit* oder *Präferenz.* In der mathematischen Entscheidungstheorie wird vorausgesetzt, daß sich diese relativen Wünschbarkeiten mittels einer geeigneten Nutzenfunktion metrisieren lassen, so daß man die Wünschbarkeit durch Zahlen ausdrücken kann. Im Fall der *Entscheidung unter* (subjektiver) *Sicherheit* ist die Sache erkenntnistheoretisch einfach, wenn auch bisweilen mathematisch sehr kompliziert. Es handelt sich hier darum, jene Handlung aus einer Gesamtheit möglicher Tätigkeiten zu wählen, durch die eine bestimmte Indexzahl maximalisiert oder minimalisiert wird. Dabei kann es sich um Geldbeträge, Weglängen u. dgl. handeln. Oft ist die Situation bereits hier recht verzwickt[50].

Eine *Entscheidung unter Risiko* liegt dann vor, wenn jede der in Frage kommenden Handlungen zu verschiedenen möglichen Resultaten führen kann, wobei jedem Ergebnis eine gewisse *subjektive Wahrscheinlichkeit* zu-

---

[50] Für ein elementares Beispiel des sogenannten linearen Programmierens vgl. das Diätbeispiel von R. D. LUCE und H. R. RAIFFA, in [Decicisions], S. 17 ff.

kommt. Hier wird in der Regel das *Bayessche Kriterium* angewendet, wonach *jene Handlung* zu wählen ist, *für welche der Erwartungswert der Wünschbarkeit maximalisiert wird.* Die fraglichen Erwartungswerte werden dabei so bestimmt, daß für jedes mögliche Ergebnis dessen Wahrscheinlichkeit mit seiner Wünschbarkeit multipliziert und das Ganze addiert wird. Schematisch kann man dabei so vorgehen, daß man eine Wünschbarkeitsmatrix und eine Wahrscheinlichkeitsmatrix benützt. Dies sei an einem einfachen Beispiel erläutert.

Jemand will vom Ort *A* nach *B* reisen und hat sich zu entscheiden, ob er ein Flugzeug oder die Eisenbahn benützen soll. Wenn er einen Zug nimmt, so weiß er, daß die Fahrt 7 Stunden dauern wird. Nimmt er dagegen ein Flugzeug, so wird die Reisezeit davon abhängen, ob am Zielort Nebel herrscht oder nicht. Im ersten Fall muß sein Flugzeug einen anderen Flugplatz ansteuern und die Gesamtreisezeit dauert 15 Stunden. Im zweiten Fall dauert die Reise 2,5 Stunden. Diese drei Möglichkeiten: 2,5-stündige, 7-stündige, 15-stündige Reise haben die (in dieser Reihenfolge abnehmenden) subjektiven Wünschbarkeiten a, b und c, also $a > b > c$. Man stellt jetzt zunächst eine *Matrix der Konsequenzen* auf, in der die Spalten die möglichen *Situationen* und die Zeilen die möglichen *Handlungen* repräsentieren. Die Konsequenzen werden in die Matrix eingetragen:

	Ort B eingenebelt	Ort B nicht eingenebelt
Fahre mit Flugzeug	15	2,5
Fahre mit Eisenbahn	7	7

Wenn an den einzelnen Stellen dieser Matrix die subjektiven Wünschbarkeiten eingetragen werden, so entsteht daraus die *Wünschbarkeitsmatrix*:

	Ort B eingenebelt	Ort B nicht eingenebelt
Fahre mit Flugzeug	c	a
Fahre mit Eisenbahn	b	b

Um zu einem Fall der Entscheidung unter Risiko zu gelangen, müssen wir weiter voraussetzen, daß der Handelnde — sei es auf Grund des Wetterberichtes, sei es auf Grund anderer Daten — den beiden Möglichkeiten gewisse Wahrscheinlichkeiten zuschreibt. Diese *subjektiven Wahrscheinlichkeiten* brauchen zwar nicht mit objektiven statistischen Wahrscheinlichkeiten übereinzustimmen, sie müssen aber gewissen Rationalitätskriterien genügen[51]. Nehmen wir an, die Wahrscheinlichkeit, daß in B Nebel herrscht, sei für den Handelnden gleich p und somit die Wahrscheinlichkeit für Freiheit von Nebel gleich $(1-p)$. In Ergänzung zur Wünschbarkeitsmatrix erhalten wir somit die entsprechende *subjektive Wahrscheinlichkeitsmatrix*:

	Ort B eingenebelt	Ort B nicht eingenebelt
Fahre mit Flugzeug	p	$1-p$
Fahre mit Eisenbahn	p	$1-p$

Im allgemeinen Fall brauchen die Zeilen der Wahrscheinlichkeitsmatrix nicht wie hier miteinander identisch zu sein. Doch im vorliegenden Fall wird ein nicht abergläubischer Reisender die Wahrscheinlichkeit der Wettersituation als davon unabhängig betrachten, ob er mit der Eisenbahn fährt oder ein Flugzeug nimmt.

Wir müssen nun zunächst die einzelnen Zeilen der Wünschbarkeitsmatrix mit den Zeilen der Wahrscheinlichkeitsmatrix gliedweise multiplizieren. Für die erste Zeile erhalten wir auf diese Weise: $pc + (1-p)\,a$. Dies ist also der Erwartungswert der Reise mit dem Flugzeug. Für die zweite Zeile gewinnen wir: $pb + (1-p)b = b$. Dies ist der Erwartungswert der Eisenbahnfahrt. Das *Kriterium von* BAYES verlangt nun, daß jene der beiden Handlungen zu wählen sei, für welche dieser Wert größer ist. Die *Rationalität* dieses Verhaltens ist darin begründet, *daß der zu erwartende Gesamtnutzen von keiner Alternativhandlung übertroffen wird*.

Daß unter die Entscheidung unter Risiko nicht nur solche handgreiflichen Fälle zu subsumieren sind, sondern auch Entscheidungen von höchster metaphysischer und religiöser Relevanz, zeigt das Pascalsche Dilemma, das

---

[51] Diese Kriterien werden unter Zugrundelegung der Deutung subjektiver Wahrscheinlichkeiten als fairer Wettquotienten gewonnen. Es wird angenommen, daß ein rational Handelnder kein System von Wetten anzunehmen bereit ist, bei dem er mit Sicherheit keinen Gewinn, möglicherweise aber einen Verlust erleiden wird (sogenannte Kohärenzforderung). Aus dieser Voraussetzung lassen sich alle Grundaxiome der Wahrscheinlichkeitsrechnung ableiten.

seiner Kuriosität halber hier angeführt sei. Die Situation ist folgende: Ein Handelnder X muß sich zwischen zwei Möglichkeiten entscheiden, nämlich ob er ein Katholik werden oder ein Atheist bleiben soll. Seine Matrix der Konsequenzen sieht so aus:

	Der Katholizismus ist wahr	Der Katholizismus ist falsch
katholisch werden	eine Chance für Himmel und Hölle[52]	lästige Beschränkungen auf sich nehmen, die keinen Nutzen bringen
Atheist bleiben	die Hölle ist sicher	alles bleibt beim alten

Als entsprechende Wünschbarkeitsmatrix wählt PASCAL die folgende:

x	-1
$-\infty$	0

Voraussetzung: $x \neq -\infty$
Als Wahrscheinlichkeit dafür, daß der Katholizismus wahr ist, wählt er den sehr niedrigen Wert: $p = 0{,}0000001$. Die Wahrscheinlichkeitsmatrix sieht somit so aus:

p	$1-p$
p	$1-p$

Der Erwartungswert von Katholisch-Werden ist: $px-1+p = p(x+1)-1$.
Der Erwartungswert von Atheist-Bleiben ist: $-\infty p+0(1-p) = -\infty$.
Trotz des niedrigen Wertes von p bleibt der rationalen Person X somit nichts anderes übrig als sich zum Katholizismus zu bekehren.

Häufig liegen die Dinge so, daß der Handelnde nicht einmal mehr imstande ist, den möglichen Resultaten seiner potentiellen Handlungen Wahrscheinlichkeiten zuzuschreiben. Dann haben wir es mit dem dritten Fall, der *Entscheidung unter Unsicherheit*, zu tun. Was auch hier vorausgesetzt wird, reduziert sich auf folgendes: Dem Handelnden sind die möglichen Zustände, die in Frage kommenden möglichen Tätigkeiten sowie die Konsequenzen, die aus beidem resultieren, und deren Wünschbarkeiten bekannt;

---

[52] d. h. eine Chance, in den Himmel zu kommen, und eine Chance, in die Hölle zu kommen.

dagegen verfügt er über keine Wahrscheinlichkeitsverteilung für die möglichen Zustände bei gegebener Handlung. In der Sprache der obigen schematischen Darstellung ausgedrückt: Es sind nur die Konsequenz- und die Wünschbarkeitsmatrix gegeben, nicht jedoch auch eine Wahrscheinlichkeitsmatrix. Das für den Handelnden in einer Situation von dieser Art entstehende Dilemma ist von L. J. SAVAGE durch das folgende amüsante Beispiel illustriert worden[53]: Eine Frau ist gerade dabei, ein Omelett zuzubereiten, und hat 5 gute Eier in eine Schüssel gebrochen. In diesem Augenblick kommt ihr Gemahl nach Hause und erklärt sich freiwillig bereit, das Omelett fertigzustellen. Es steht noch ein sechstes ungebrochenes Ei zur Verfügung, das wegen der unmittelbar darauffolgenden Abreise des Ehepaares entweder verwendet oder weggeworfen werden muß. Der Mann muß mit zwei möglichen Zuständen z_1 oder z_2 rechnen, die ihm unbekannt sind. Entweder das Ei ist gut (z_1) oder das Ei ist schlecht (z_2). Er kann nun zwischen drei möglichen Handlungen wählen:

Handlung 1. Das 6. Ei wird zu den übrigen 5 in die Schüssel gebrochen (H_1);

Handlung 2. Das 6. Ei wird zur vorherigen Überprüfung in eine Tasse gebrochen (H_2);

Handlung 3. Das 6. Ei wird ohne Prüfung weggeworfen (H_3).

Die Konsequenzmatrix sieht so aus:

	6. Ei gut	6. Ei schlecht
H_1	Omelett aus 6 Eiern	kein Omelett; 5 gute Eier zerstört
H_2	Omelett aus 6 Eiern und eine Tasse zu reinigen	Omelett aus 5 Eiern und eine Tasse zu reinigen
H_3	Omelett aus 5 Eiern und ein gutes Ei vernichtet	Omelett aus 5 Eiern[54]

Würde der Ehemann außerdem der Meinung sein, daß die Wahrscheinlichkeit dafür, daß ein zufällig herausgegriffenes Ei schlecht ist, einen be-

---

[53] L. J. SAVAGE, [Statistics], S. 14.

[54] Weiß man, daß das Ei gut ist, dann ist H_1 richtig; wüßte man, daß es schlecht ist, dann wäre H_3 die richtige Handlung. Die Annahme von SAVAGE ist etwas unrealistisch. Zumindest eine Hausfrau würde sich die Sache vermutlich dadurch vereinfachen, daß sie das sechste Ei anstechen und daran riechen würde. Sie hätte dann nur mehr zwischen H_1 und H_3 zu wählen und diese Wahl würde ihr unter der Voraussetzung, daß ihr Geruchsorgan normal funktioniert, keine Schwierigkeiten bereiten.

stimmten Wert hat, z. B. 0,012, so hätten wir es mit dem früheren Fall der Entscheidung unter Risiko zu tun. Eine solche Voraussetzung soll aber hier gerade nicht gemacht werden. Dagegen nehmen wir an, daß die subjektiven Nützlichkeiten (sogenannten "utilities") der möglichen Konsequenzen bekannt sind und der Übergang von der Konsequenzmatrix zu einer Wünschbarkeitsmatrix möglich ist. Im allgemeinen Fall handelt es sich also darum, daß für eine Klasse möglicher Handlungen $A_1, \ldots, A_m$ und eine Klasse möglicher Zustände $z_1, \ldots, z_n$ jedem Paar (A_i, z_j) eine „Nützlichkeit" u_{ij} zugeordnet ist, die in der Matrix an der Stelle einzutragen ist, an der sich die i-te Zeile und die j-te Spalte kreuzen.

Für Entscheidungen unter Unsicherheit sind verschiedene rationale Entscheidungskriterien aufgestellt worden. Eines der am häufigsten verwendeten ist das *Maximin-Nutzen-Kriterium*. Hier wird zunächst jeder möglichen Handlung A_i als Index das Minimum unter den Nützlichkeitswerten $u_{i1}, \ldots, u_{in}$ zugeordnet, also der kleinste Wert in der i-ten Zeile der Wünschbarkeitsmatrix. Die Regel lautet nun: Wähle diejenige (oder: eine solche) Handlung, deren zugehöriger Index ein Maximum ist. Es ist also *jene Handlung* zu wählen, *welche den im ungünstigsten Fall sich ergebenden Nutzen maximalisiert*. Ist die Wünschbarkeitsmatrix gegeben, so kann diese Regel ganz mechanisch angewendet werden: Es ist zu untersuchen, für welche Zeile der kleinste Wert nicht kleiner ist als der kleinste Wert einer anderen Zeile. Der Effekt dieser Regel sei an einem einfachen Beispiel von HEMPEL illustriert. Jemandem wird als Geschenk erlaubt, einen beliebigen Zug aus einer von zwei Urnen, die Kugeln beinhalten, zu machen und die gezogene Kugel zu behalten. Die Kugeln sind von gleicher Größe und für den Tastsinn ununterscheidbar. In der ersten Urne befinden sich Blei- und Platinkugeln, in der zweiten Gold- und Silberkugeln. Die Häufigkeitsverhältnisse sind dem Ziehenden gänzlich unbekannt, so daß er für seine Entscheidung keine Wahrscheinlichkeitsverteilung verwenden kann. Die subjektiven Nützlichkeiten von Platin-, Gold-, Silber- und Bleikugeln seien in dieser Reihenfolge: 1000, 100, 10, 1. Die Maximin-Regel würde vorschreiben, die zweite Urne zu wählen; denn hier liefert ein Zug im ungünstigsten Fall eine Silberkugel, während bei Wahl der ersten Urne im ungünstigsten Fall bloß eine Bleikugel gezogen wird. Diese Maximin-Regel ist der Ausdruck einer pessimistischen Einstellung: *Der Handelnde tut so, als ob er ein Spiel mit einer diabolischen Natur spielen müßte, und findet in dieser Regel die zweckmäßigste Reaktion auf seinen feindseligen Gegenspieler.*

Eine optimistische Grundeinstellung spiegelt demgegenüber das *Maximax-Nutzen-Kriterium* wider. Ist man davon überzeugt, daß jede mögliche Handlung ein bestmögliches Resultat zeitigen wird, so erscheint es als vernünftig, nur eine solche Handlung zu wählen, deren günstigstes Resultat mindestens ebensogut ist wie das vorteilhafteste Ergebnis einer Alternativhandlung. Im Urnenbeispiel wäre nach dieser Regel die erste Urne zu wählen.

Ein vorsichtig Handelnder wird sich nicht dazu entschließen, diese letzte Regel anzuwenden. Auf der anderen Seite führt das Maximin-Kriterium als *allgemeine* Regel nur dann mit Sicherheit zu optimalen Entscheidungen, wenn der Handelnde es mit einem bewußten feindlichen Gegenspieler zu tun hat. Ein Kritiker könnte daher behaupten, daß die Maximin-Strategie auf einer pessimistischen metaphysischen Hypostasierung der Natur beruhe.

Diese Kritik kann durch numerische Gegenbeispiele von der folgenden Art gestützt werden[55]. Die Wünschbarkeitsmatrix für die beiden möglichen Zustände z_1 und z_2 sowie die beiden möglichen Handlungen A_1 und A_2 laute:

	z_1	z_2
A_1	0	100
A_2	1	1

Nach dem Maximin-Kriterium ist A_2 vorzuziehen. Dies würde selbst dann gelten, wenn in der zweiten Zeile die 1 zu einer beliebig kleinen vorgegebenen Zahl verringert würde, z. B. 0,0000001, und die Zahl 100 der ersten Zeile zu einer beliebig vorgegebenen Zahl vergrößert, etwa 10^{24}. Falls unser Handelnder X einem feindseligen Opponenten Y gegenübersteht, von dessen Entscheidung die Verwirklichung eines Zustandes abhängt, so wäre trotzdem die Wahl der Handlung A_2 vernünftig. Denn in einem solchen Fall könnte man sicher sein, daß der Gegenspieler Y die Realisierung jenes Zustandes verhindern würde, der X einen maximalen Nutzen einbringen könnte. *In allen übrigen Fällen aber erschiene das Festhalten an der Maximin-Regel als unvernünftig*, da dann A_1 die bessere Handlung wäre. Im Fall der Verwirklichung von z_1 würde X zwar auf einen Nutzenzuwachs verzichten, der jedoch äußerst gering wäre. Im Fall der Verwirklichung von z_2 hätte er dagegen zum Unterschied von der Handlung A_2 einen außerordentlichen Nutzenzuwachs zu verzeichnen.

Um eine solche Wahl logisch zu rechtfertigen, hat SAVAGE das *Minimax-Risiko-Kriterium* aufgestellt. Im obigen Fall würde bei Wahl von A_2 kein Verlust eintreten, wenn z_1 der wahre Zustand wäre, jedoch ein gewisser kleiner Verlust, falls A_1 gewählt würde. Wäre dagegen der wahre Zustand z_2, dann entstünde kein Verlust bei Wahl von A_1, jedoch ein beträchtlicher Verlust bei Wahl von A_2. SAVAGE ersetzt daher die obige Wünschbarkeitsmatrix durch eine Risikomatrix, d. h. durch eine solche, in der die Nützlichkeitswerte u_{ik} durch die entsprechenden Risikobeträge r_{ik} ersetzt werden.

---

[55] Vergleiche LUCE und RAIFFA, a. a. O., S. 279f.

Dabei ist r_{ik} definiert als jener Betrag, den man zu u_{ik} addieren muß, um den maximalsten Nützlichkeitswert in der k-ten Spalte zu erhalten. In der obigen Matrix ist der höchste Nützlichkeitswert in der ersten Spalte gleich 1, in der zweiten Spalte gleich 100. Als Risikomatrix ergibt sich somit:

	z_1	z_2
A_1	1	0
A_2	0	99

Die *Minimax-Risiko-Regel* lautet nun: Wähle jene Handlung, welche das Maximalrisiko minimalisiert! Da das Maximalrisiko von A_2 den Wert 99 hat, das von A_1 dagegen den Wert 1, ist nach diesem Kriterium die Handlung A_1 zu wählen.

Die Kritiken an dieser Regel haben gezeigt, daß auch dieses Prinzip sicherlich nicht der Weisheit letzter Schluß ist[56]. Es seien hier ohne nähere Diskussion noch zwei weitere Beispiele angeführt, die nur als Hinweis darauf dienen mögen, daß neben den bisher erwähnten Kriterien noch zahlreiche andere Entscheidungsregeln denkbar sind. Das eine ist das *Pessimismus-Optimismus-Kriterium* von HURWICZ. Es beruht auf dem Gedanken, einen vernünftigen Mittelweg einzuschlagen zwischen dem ultrapessimistischen Maximin-Kriterium und dem ultraoptimistischen Maximax-Kriterium. Für eine Handlung A_i aus der Klasse der möglichen Handlungen sei m_i das Minimum und M_i das Maximum unter den Wünschbarkeiten $u_{i1}, \ldots, u_{in}$. α sei eine feste Zahl aus dem abgeschlossenen Intervall von 0 bis 1: $0 \leq \alpha \leq 1$. Mit Hilfe dieses Optimismus-Pessimismus-Index α wird A_i als α-*Index* dieser Handlung der Wert $\alpha m_i + (1-\alpha)M_i$ zugeordnet. Die Regel lautet nun, *daß Handlungen mit höherem α-Index vorzuziehen seien.* Ein spezielles Kriterium ist auf diese Weise erst ausgezeichnet, wenn eine bestimmte Zahl α angegeben worden ist. Die Zahl α kann aus empirischen Gründen festgelegt sein, sofern sich der Handelnde gegenüber geeignet gewählten Alternativhandlungen indifferent verhält.[57]

Das zweite noch zu erwähnende Kriterium, welches sich auf das „Prinzip vom fehlenden zureichenden Grunde" stützt, ist dadurch charakterisiert, daß darin der Versuch unternommen wird, die Entscheidung unter Unsicherheit auf einen speziellen Fall der Entscheidung unter Risiko zurückzuführen. Es wird hier so argumentiert: Wenn n verschiedene Zustände $z_1, \ldots, z_n$

---

[56] Vgl. die Schilderung von CHERNOFFs Kritik in LUCE und RAIFFA, a. a. O., S. 281.

[57] Vergleiche LUCE und RAIFFA, a. a. O., S. 283.

möglich sind und wenn der Handelnde völlig unwissend darüber ist, welcher der Zustände verwirklicht werden wird, *so sollte er sich so verhalten, als seien diese Zustände alle gleichwahrscheinlich.* Auf diese Weise erhält man eine Apriori-Wahrscheinlichkeitsverteilung über die n Zustände mit dem identischen Parameter $1/n$; und jeder Handlung A_i wird als Index der Betrag $(u_{i1}+ \ldots +u_{in})/n$ zugeordnet, welcher den Erwartungswert des Nutzens darstellt. Es sind wieder die *Handlungen mit höchstem Index* zu wählen. Bei diesem Vorgehen wird letztlich auch für die Entscheidungen unter Unsicherheit das Bayessche Kriterium benützt[58].

Der Leser kann sich leicht selbst überlegen, wie die Situation in bezug auf das obige Beispiel von SAVAGE zu beurteilen ist. Die Maximax-Regel wird z. B. in jedem Fall zur Wahl der Handlung H_1 führen. Die Ergebnisse der Anwendungen anderer Kriterien werden davon abhängen, wie bestimmte Details der Wünschbarkeitsmatrix bestimmt werden, z. B. wie unangenehm dem Ehemann das Reinigen einer zusätzlichen Tasse ist u. dgl.

Daß die Bewertungen von Zielsetzungen zu großen individuellen Verschiedenheiten führen können, ist nicht erstaunlich, sondern war von vornherein zu erwarten. Darum aber ist es in all diesen Fällen nicht gegangen: Durch die verschiedenen Entscheidungskriterien werden keine unterschiedlichen Bewertungen von Zielen vorgenommen; vielmehr werden darin die subjektiven Nützlichkeiten dieser Zielsetzungen *als gegeben* vorausgesetzt. Daß es dann immer noch zu so großen Abweichungen zwischen den Entscheidungsprinzipien kommen kann, ist eine erstaunliche Tatsache. In den miteinander unverträglichen Kriterien finden *verschiedene induktive Verhaltensweisen,* beruhend auf verschiedenartigen Apriori-Intuitionen über das richtige induktive Schließen, ihren Niederschlag sowie *verschiedene Grade des Optimismus und Pessimismus* bezüglich dessen, was von dieser Welt zu erwarten ist.

Man hat versucht, einen *allgemeineren Rationalitätsbegriff* zu konstruieren, der in dem Sinn eine Einheitlichkeit besitzt, daß er gegenüber der Verschiedenartigkeit der angeführten Kriterien invariant ist. Einen solchen allgemeineren Begriff kann man z. B. so zu gewinnen trachten, daß man gewisse Adäquatheitsbedingungen aufstellt, die von allen denkbaren Entscheidungsregeln zu erfüllen sind. Merkwürdigerweise hat sich auch dieses Vorgehen als nicht sehr aussichtsreich erwiesen, da jedes der tatsächlich vorgeschlagenen Kriterien gegen gewisse Adäquatheitsbedingungen verstößt und außerdem die Gesamtheit dieser Bedingungen nicht konsistent ist[59].

---

[58] Für kritische Einwendungen gegen diese letzten beiden Regeln vgl. LUCE und RAIFFA, a. a. O., S. 283 und S. 284f.

[59] Für einen genauen Beweis dieser merkwürdigen Tatsache vgl. LUCE und RAIFFA, a. a. O., S. 286ff.

Wir kehren jetzt zu unserer eigentlichen Problemstellung zurück. Philosophen, welche sich mit dem normativen Aspekt des rationalen Handelns beschäftigen, sind häufig der irrigen Meinung, daß es sich hierbei stets um ein Problem handle, *für das es eine und nur eine korrekte Lösung gäbe.* Diese falsche Ansicht dürfte DRAY teilen[60]; ebenso wird sie zweifellos von Q. GIBSON, einem Theoretiker sozialwissenschaftlicher Forschungen, geteilt[61]. Die Betrachtungen der mathematischen Modelle rationaler Entscheidungen zeigen demgegenüber dreierlei:

(1) Selbst wenn ein bestimmtes Kriterium gewählt worden ist, können sich mehrere Handlungen als gleich rational erweisen, nämlich immer dann, wenn der Optimalindex *gleichzeitig verschiedenen Handlungen* zukommt.

(2) Es gibt verschiedene Arten von Entscheidungen und für eine große Klasse unter diesen, nämlich für die Entscheidungen unter Unsicherheit, existiert nicht einmal allgemeine Übereinstimmung darüber, *welches Rationalitätskriterium* zugrunde gelegt werden soll.

(3) Für viele, wenn nicht für die meisten praktischen Entscheidungsprobleme sind die für die Anwendbarkeit des mathematischen Modells erforderlichen idealen Voraussetzungen *nicht* erfüllt. Häufig haben wir keinen deutlichen Überblick über die möglichen Handlungsverläufe, über die möglichen Resultate dieser Handlungen sowie über deren Wünschbarkeit. Nur dort, wo diese Voraussetzungen alle erfüllt sind (z. B. in gewissen ökonomischen Bereichen oder bei militärisch-strategischer Planung), kann die Theorie u. U. mit großem Erfolg angewendet werden.

Die angestellten Betrachtungen führen zu dem Ergebnis, daß es bereits eine übergroße Vereinfachung war, von *dem* normativen Rationalitätsschema (NRat) zu sprechen. Wir müssen vielmehr so viele derartige Schemata unterscheiden, als es miteinander unverträgliche „vernünftige" Entscheidungsprinzipien gibt. DRAY allerdings tut so, als gäbe es nur ein einziges solches Schema und als wäre der bestimmte Artikel berechtigt.

7.d Rationalität als deskriptiv-erklärender Begriff. Die zweifache Kritik an DRAYs Theorie der rationalen Erklärung kann so zusammengefaßt werden: Erstens existiert kein einheitliches Rationalitätskriterium, welches aus der Klasse der in einer gegebenen Situation möglichen Handlungen eine bestimmte als diejenige aussondert, die *zu vollziehen* ist. Und selbst wenn es ein solches Kriterium gäbe, könnte man diesem höchstens eine heuristische Funktion zuschreiben, jedoch keine erklärende Funktion: Mit Hilfe eines normativen Rationalitätskriteriums kann man

---

[60] Hier wäre allerdings darauf hinzuweisen, daß er an dieser Stelle vom Rationalitätsprinzip *des Handelnden* spricht. Dann aber gehörte die ganze Betrachtung zu dem im folgenden Unterabschnitt behandelten Thema.

[61] Q. GIBSON, [Social Inquiry]. Auf S. 162 wird hier ausdrücklich behauptet, daß es nur eine einzige korrekte Lösung des Problems geben könne, ein bestimmtes Ziel bei gegebenen Ausgangsdaten zu erreichen. Dies sei, so versichert der Autor, eine elementare logische Tatsache.

nur *begründen*, was in einer Situation hätte getan werden *sollen*, nicht jedoch *erklären*, was *tatsächlich* getan wurde. HEMPEL hat versucht, ein wenigstens approximatives Rationalitätsschema aufzustellen, welches das letztere leistet. Wir kürzen es mit (ERat) ab, um zum Ausdruck zu bringen, daß es ein für Erklärungszwecke verwendbares Schema sein soll. Von (NRat) unterscheidet es sich in zweifacher Hinsicht: Erstens wird das *normative* Prinzip (β) durch eine *empirische* Generalisation (c) ersetzt; zweitens wird die Voraussetzung, daß die fragliche Person ein rational Handelnder war, explizit *als eine eigene empirische Prämisse* hinzugefügt. Das Schema sieht somit so aus:

	(a) Person x befand sich in einer Situation von der Art C;
	(b) Person x war ein rational Handelnder;
(ERat)	(c) In einer Situation vom Typ C wird jeder rational Handelnde Y tun;
	(d) Also hat x Y getan.

Dieses Schema ist natürlich noch immer sehr grob. Trotzdem genügt es, um klarzustellen, warum DRAYS Konstruktion des rationalen Handelns gerade an dem Punkt versagt, an welchem sich der Unterschied gegenüber solchen Erklärungen zeigen sollte, die in der Unterordnung unter Gesetze bestehen: *Um das Rationalitätsschema für Erklärungszwecke verwendbar zu machen, muß das normative Prinzip durch eine empirische Gesetzeshypothese ersetzt werden.* Auch die rationale Erklärung besteht somit darin, daß etwas „unter eine Gesetzmäßigkeit subsumiert" wird. An der Stelle, wo DRAY die Relativität auf ein Rationalitätsprinzip voraussetzt, *das der Handelnde annimmt*, liefert die Präzisierung seines Gedankens das Schema (ERat), was zur Folge hat, daß seine Argumentation nicht mehr gegen das H-O-Schema vorgebracht werden kann.

Wie HEMPEL hervorhebt, kann man noch in anderer Weise zeigen, daß das nach DRAYS Auffassung für eine rationale Erklärung wesentliche Werturteil keine erklärende Bedeutung besitzt: Wenn man die Richtigkeit einer vorgeschlagenen Erklärung, welche die Motive oder Gründe eines Handelnden anführt, bezweifelt, so kann man diesen Zweifel nicht in dem Satz ausdrücken: „sollte unter diesen Umständen wirklich Y getan werden?", sondern man muß ihn etwa so formulieren: „war die Person x in dieser Situation tatsächlich geneigt, Y zu tun?" Nur der Nachweis, daß x eine solche Disposition hatte, wäre als Verteidigung gegen den vorgebrachten Zweifel von Relevanz.

Der im Schema (ERat) vorkommende Ausdruck „Situation" ist vage. Bei jeder konkreten Anwendung müßte hier eine korrekte und mehr oder weniger detaillierte Beschreibung eingesetzt werden. Gegebenenfalls wäre die *subjektive Wahrscheinlichkeitsverteilung* über die Klasse der von x für

möglich gehaltenen Zustände hinzuzurechnen. Außerdem müßte man sich
für die Fälle der Entscheidung unter Unsicherheit auf einen *empirischen
Rationalitätsbegriff* festlegen, der einem der erwähnten normativen Ratio-
nalitätsbegriffe zu entsprechen hätte. Für die Frage, ob dieser Begriff in
einer konkreten Situation anzuwenden sei oder nicht, dürften aber ausschließlich empirische Kriterien maßgebend sein.

Erklärt man eine Person für einen rational Handelnden, so impliziert
dies, daß man ihm eine Reihe von Tendenzen zuschreibt, in Situationen
bestimmter Art so und so zu reagieren. Es handelt sich also um eine Klasse
von dispositionellen Eigenschaften, die ihm zugesprochen werden. HEMPEL
nennt daher den deskriptiv-psychologischen Rationalitätsbegriff *ein im
weiten Sinn dispositionelles Merkmal*. Daher gelangen alle in I, 7 über dispositionelle Erklärungen angestellten Überlegungen hier zur Anwendung. Insbesondere wird diese dispositionelle Erklärung entweder eine deduktiv-
nomologische oder eine induktiv-probabilistische sein, je nachdem, ob die
notwendigen und hinreichenden Symptomsätze, welche die fraglichen
Tendenzen charakterisieren, die Form strikter Gesetzmäßigkeiten oder
probabilistischer Regelmäßigkeiten haben. Auch tritt hier von neuem die
Frage auf, ob angesichts der Mängel, die den Charakterisierungen von
Dispositionen innerhalb einer Beobachtungssprache anhaften, diese Dispositionen und somit erst recht die Rationalität im deskriptiv-empirischen
Sinn nicht als *theoretische Begriffe* einzuführen sind.

Zwei spezielle Gründe zugunsten des theoretischen Charakters des
Rationalitätsbegriffes lassen sich anführen: (1) Zu den notwendigen
Symptomsätzen des Rationalitätsmerkmals gehören Aussagen von der Art,
daß der Handelnde in bestimmten Situationen sich in charakteristischer
Weise verhalten wird. Im Gegensatz zu physikalischen und biologischen
Fällen bezieht sich der Ausdruck „*Situation*" hier nicht nur auf äußere Reize
und sonstige Bedingungen der Umgebung. Vielmehr gehören „subjektive"
Faktoren, wie Ziele, Überzeugungen und moralische Prinzipien des Handelnden ebenfalls dazu. Man kann daher die Dispositionen, die von der
Rationalität impliziert werden, mit HEMPEL als *Dispositionen höherer Ordnung*
bezeichnen, da Ziele und Überzeugungen selbst im weiten Sinn dispositionelle Merkmale eines Handelnden darstellen. (2) Die Zuschreibung von
Zielen und Überzeugungen zu einer Person impliziert zwar die Zuschreibung zahlreicher Dispositionen, ist aber selbst nicht mit einem Satz (bzw.
einer Klasse von Sätzen) äquivalent, in denen der Person Dispositionen
zugesprochen werden. Dies gilt dann a fortiori von der Rationalität als
„Disposition höherer Ordnung". Die Analogie zu einem Beispiel, das im
Abschnitt über dispositionelle Erklärung gebracht wurde, möge dies verdeutlichen: Wenn man einem physischen Objekt c die Eigenschaft, magnetisch zu sein, zuschreibt, so ist diese Behauptung nicht äquivalent mit der
Zuordnung von Dispositionen zu c, die sich darin äußern, daß c unter

bestimmten beobachtbaren Bedingungen gewisse beobachtbare Reaktionen
zeigt. Die Gesamtheit solcher in der Beobachtungssprache beschreibbaren
Dispositionen liefert nur eine partielle Charakterisierung des Merkmales
„magnetisch", da in die Bedeutung dieses letzteren Ausdrucks auch zahlreiche theoretische Verknüpfungen eingehen, welche diese Eigenschaft mit
theoretischen Begriffen, wie mit dem des elektrischen Stromes, in Beziehung
setzen, der selbst nicht durch eine Klasse von in der Beobachtungssprache
formulierbaren Symptomsätzen (Reduktionssätzen) charakterisierbar ist.

Psychologische Begriffe, wie der des Glaubens, Wollens, der Überzeugung und der Rationalität konnten zwar bisher nicht in ein theoretisches
System vom Grad der Präzision und Ausdrücklichkeit der Theorie des
Elektromagnetismus eingebettet werden. Nichtsdestotrotz kann man sagen,
daß der wissenschaftliche Gebrauch dieser Begriffe ähnliche Verknüpfungen
voraussetzt, die man daher als „quasitheoretische Relationen" bezeichnen
kann[62]. *Ebensowenig* wie die Behauptung, ein Gegenstand sei magnetisch,
als logisch äquivalent betrachtet werden darf mit einer Aussage, welche
diesem Gegenstand ein Bündel von beobachtbaren Dispositionen zuschreibt, *kann z. B. eine Behauptung über die Überzeugungen einer Person X durch
eine logisch äquivalente Aussage über die beobachtbaren Reaktionen von X unter
genau angebbaren empirischen Bedingungen wiedergegeben werden.* So wie im ersten
Fall auch die theoretischen Beziehungen zwischen Magnetismus und Elek-
trizität für die Charakterisierung der Dispositionseigenschaft „magnetisch"
notwendig sind, so bilden in unserem Fall mehr oder weniger komplexe
theoretische Interdependenzen zwischen den angeführten psychologischen
Begriffen einen wesentlichen Bestandteil für die Kennzeichnung eines jeden
dieser Begriffe, insbesondere auch den des Glaubens und Wollens. In der
Analyse des folgenden Abschnittes soll diese These genauer begründet und
illustriert werden.

8. Erklärung von Handlungen durch Wollen

8.a Die Betrachtungen über rationale Erklärung führten zu dem Ergebnis, daß es sich hierbei um eine Erklärungsweise handelt, die am ehesten mit
der dispositionellen Erklärung zu vergleichen ist, die aber auch bereits eine
große Ähnlichkeit mit rein theoretischen Erklärungen aufweist. Um dies
noch deutlicher zu machen, knüpfen wir hier an die Analyse von R. BRANDT
und J. KIM an[63], in der die logische Struktur solcher Erklärungen von Handlungen näher untersucht wird, worin auf den Willen der Handelnden
zurückgegriffen wird. Es wird sich dabei zugleich herausstellen, wie eng

---

[62] Vgl. dazu das Beispiel von C. G. HEMPEL, [Aspects], S. 474.
[63] R. BRANDT und J. KIM, [Wants].

dieser Problemkomplex mit grundlegenden erkenntnistheoretischen und logischen Fragen, etwa über die Unterscheidung zwischen analytischen und synthetischen Sätzen oder über die Natur rein theoretischer Begriffe, verknüpft ist.

Moderne wissenschaftliche Theorien unterscheiden sich in zwei wesentlichen Hinsichten von den empirischen Generalisationen, auf die man in der Frühphase der Wissenschaft stößt: erstens durch die Tatsache, daß moderne erfahrungswissenschaftliche Systeme nicht aus einer einzigen Hypothese, sondern aus einer ganzen Hierarchie von Hypothesen verschiedenster Allgemeinheitsstufen bestehen; und zweitens durch den Umstand, daß darin rein theoretische Begriffe vorkommen, die sich nicht in der Sprache der Beobachtung definieren lassen. Für das erstere finden sich zweifellos rudimentäre Ansätze bereits in der Sprache des Alltags: „alle Menschen sind sterblich" ist eine Spezialisierung von „alle Lebewesen sind sterblich" und beide Aussagen werden nicht nur von Biologen, sondern ebenso vom Mann auf der Straße akzeptiert. Wie eine genauere Untersuchung zeigt, finden wir hier aber auch schon deutliche Ansätze für die Verwendung theoretischer Begriffe, die weder unmittelbar noch mit Hilfe von Definitionen „auf Wahrnehmbares zurückgeführt" werden können. Eine Klasse von Beispielen von dieser Art bilden jene Fälle, in denen wir davon sprechen, daß jemand etwas will oder etwas möchte.

Nach einer früher weit verbreiteten Auffassung wurde das Wollen als eine Art von bewußtem Vorkommnis gedeutet, das im Fall seines Auftretens durch innere Wahrnehmung oder Introspektion direkt feststellbar ist, so etwa wie Schmerzen oder Angstgefühle. Diese Auffassung des Wollens dürfte heute auch bei „Nichtbehavioristen" verschwunden sein. Bereits in Abschn. 5 haben wir auf die Irrtümer hingewiesen, die einer solchen Interpretation des Wollens zugrundeliegen. Wir müssen daher nach einer brauchbareren Alternativdeutung Umschau halten.

Der Ausdruck „wollen" ist mit gewissen Vagheiten und Mehrdeutigkeiten behaftet. Eine relative Eindeutigkeit erhalten wir, wenn wir uns auf jene Kontexte beschränken, in denen ein Wollen als Erklärungsgrund herangezogen wird: „X verübte den Bankeinbruch, weil er Geld zur Bezahlung seiner Spielschulden haben wollte"; „Staatsmann Y riskierte den Krieg, weil er für sein Land die Vorherrschaft in Europa erreichen wollte". In Fällen wie diesen ist es sicherlich berechtigt, den Ausdruck „verstehen" zu verwenden und zu sagen, daß die Kenntnis des Wollens das Handeln der von uns betrachteten Person *verständlich* macht.

Auch bei dieser engeren Umgrenzung des Ausdrucks wären strenggenommen noch psychologische Feinheiten zu berücksichtigen, etwa der Unterschied zwischen Wollen und „bloßem Wünschen". Für das Folgende können wir derartige Feinheiten unberücksichtigt lassen. Ebenso klammern wir an dieser Stelle die ontologische Problematik aus, die wir in VIII in

extenso behandeln werden. Wir benützen hier stets die „ontologisch naive"
Sprechweise. „X will p" soll also bloß eine Abkürzung sein für „X will,
daß p". Was jemand will, ist, *daß etwas der Fall sein soll*. Diese Deutung ist
auch in jenen Fällen korrekt, in denen wir hinter das Wort „wollen"
einfach ein Hauptwort („er will einen Wintermantel") oder ein Verbum
(„er will essen") setzen, und vermeidet überdies eine Vieldeutigkeit dieser
substantivischen Sprechweise, die stets nur innerhalb eines bestimmten
Kontextes behoben werden kann („er will einen Wintermantel" kann *in
einem bestimmten Kontext* z. B. heißen „er will, *daß* man ihm einen Wintermantel schenkt" oder auch „er will, *daß* seine Frau mit ihm einen Wintermantel einkaufen geht"; „er will essen" kann *in einer bestimmten Situation*
heißen „er will, *daß* man ihm etwas zu essen bringt" etc.). Der Begriff des
Wollens soll nicht zu eng gefaßt werden: „X will p" soll *nicht* synonym sein
mit „X will p um seiner selbst willen". Auch der Zusammenhang von Wollen
und Handeln soll *nicht* zu eng konstruiert werden: nicht alles Handeln soll
Ausfluß eines bestimmten Wollens sein. Jemand kann z. B. etwas tun, weil
er sich durch Strafandrohung oder aus moralischem Pflichtgefühl dazu
veranlaßt sieht, ohne daß er das tun will, was er tatsächlich tut.

BRANDT und KIM stellen die folgende Liste von Aussagen zusammen, die
eine partielle Deutung von „X will p" geben sollen: Wir verstehen,
was mit dieser Wendung *gemeint* sein soll, weil wir daran glauben, daß diese
Aussagen zumindest approximativ richtig sind. Die ersten drei Aussagen
liefern hinreichende und die letzten drei notwendige Bedingungen für die
Richtigkeit von „X will p". Ausdrücklich ist zu betonen, daß es sich hierbei
nur um eine erste Approximation einer solchen Charakterisierung handelt.
Für die folgenden Überlegungen ist die Frage der Richtigkeit dieser Prinzipien nicht entscheidend; sie dienen nur als Mittel zum Studium der im
folgenden angeschnittenen wissenschaftstheoretischen Probleme[64].

(*a*) Angenommen, folgendes sei der Fall: Wenn X nicht erwartet hatte,
daß p, aber plötzlich zu der Überzeugung kommt, daß p der Fall sein werde,
so fühlt X Freude. Dann gilt: X will p (andere Formulierung: Wenn X
unter der Voraussetzung, daß er p nicht erwartet hatte, aber plötzlich zu der

---

[64] Bei der Wiedergabe der von BRANDT und KIM aufgestellten Prinzipien
stößt man wegen der Abweichung zwischen dem englischen und deutschen
Sprachgebrauch auf Schwierigkeiten. Einerseits umfaßt das englischen Wort
"to want" viel mehr Fälle als jene, bei denen wir den Ausdruck „wollen" gebrauchen würden; andererseits wird „wollen" häufig im Sinn des *vorsätzlichen*,
absichtlichen Wollens verwendet. Es existiert kein adäquates deutsches Äquivalent zum englischen Ausdruck "to want". In einigen Fällen wäre es z. B. besser,
bei der Wiedergabe der Prinzipien (*a*) – (*f*) das Wort „möchten" oder „begehren"
statt „wollen" zu gebrauchen. Der Ausdruck „wünschen" wäre im gegenwärtigen
Zusammenhang zweifellos zu schwach und außerdem zu farblos. Der Leser möge
bei der Lektüre der folgenden Seiten dieser sprachlichen Schwierigkeit eingedenk
sein.

Überzeugung gelangte, daß p der Fall sein werde, Freude empfindet, dann will $X\,p$).

(*b*) Angenommen, die folgende komplexe Bedingung sei erfüllt: Wenn $X\,p$ erwartet hatte, plötzlich jedoch urteilt, daß p nicht der Fall sein werde, so empfindet er eine Enttäuschung. Dann gilt: X will p.

(*c*) Wenn dem X das Tagträumen über p angenehm ist, dann will $X\,p$.

(*d*) Wenn $X\,p$ will, so gilt auch folgendes: Wenn X unter geeigneten günstigen Bedingungen urteilt, daß die Handlung A zur Verwirklichung von p führt und daß die Unterlassung von A wahrscheinlich zu nicht-p führt, so wird er einen gewissen Impuls verspüren, A zu tun.

(*e*) Wenn $X\,p$ will, so gilt auch folgendes: Wenn X unter geeigneten günstigen Bedingungen glaubt, daß M ein Mittel zur Verwirklichung von p ist, so wird er M eher bemerken als sonst.

(*f*) Wenn $X\,p$ will, so gilt auch: Wenn unter geeigneten günstigen Bedingungen p vorkommt, ohne daß gleichzeitig etwas vorkommt, das X nicht will, so wird X erfreut sein.

Der Einschluß von „unter geeigneten günstigen Bedingungen" in (*d*) bis (*f*) ist wesentlich, um diese Aussagen nicht falsch zu machen. Wenn die Umstände ungünstig gelagert sind, also wenn z. B. X stark übermüdet oder heftig erregt ist, so wird trotz der Wahrheit des Antecedens, daß $X\,p$ will, das Konsequens nicht zutreffen. Vorläufig reicht das psychologische Wissen nicht aus, um jene günstigen Bedingungen schärfer zu umreißen, so daß die obige vage Wendung benützt werden muß.

8.b Diese sechs Aussagen zusammen können als die *Miniaturform einer psychologischen Theorie* aufgefaßt werden, *die in unser alltägliches Verständnis von „wollen" eingebettet ist.* Wegen ihrer etwas vagen Formulierung nennen wir diese Sätze *quasi-theoretische Prinzipien.* Durch diese Prinzipien wird der Begriff des Wollens mit anderen psychologischen Begriffen wie: etwas glauben, Freude empfinden, Enttäuschung empfinden, einen Impuls verspüren usw. verknüpft. Einige dieser Begriffe werden dem Wahrnehmbaren näher stehen, einige davon (z. B. etwas glauben) werden ebenso wie das Wollen *keiner* direkten Interpretation oder Definition in dem, was man die „Sprache der Wahrnehmung" oder die „Sprache der Beobachtung" nennt, fähig sein. Auf Grund dieser Tatsache *ist man berechtigt, den Begriff des Wollens in Analogie zu setzen zu theoretischen Begriffen der Naturwissenschaft, deren Bedeutung ebenfalls nur teilweise fixiert ist,* also einerseits durch die sie verknüpfenden *Gesetze,* andererseits durch die *Korrespondenzregeln,* welche einige unter ihnen mit Beobachtbarem verbinden. In bezug auf die anderen psychologischen Begriffe in (*a*) bis (*f*) kann es offen bleiben, ob sie ebenfalls als theoretische Begriffe aufzufassen sind. Wollte man das letztere auch von „Freude" bzw. „Enttäuschung" behaupten, so hätten diese beiden Begriffe doch insofern einen anderen erkenntnistheoretischen Status als das Wollen, als sie sich auf Erlebnisse beziehen, während „Wollen" kein derartiges Erlebnis bezeichnet. So wie wir die Sätze (*a*) bis (*f*) selbst quasi-theoretische Prinzipien nannten, soll analog der Begriff des Wollens ein *quasi-theoretischer Begriff* genannt werden.

8.c Für das Verständnis der erkenntnistheoretischen Situation wird sich die Diskussion des folgenden naheliegenden Einwandes als wichtig erweisen: „Entweder durch die angeführten sechs Aussagen soll die Bedeutung von ‚wollen' ganz oder teilweise festgelegt werden. Dann können diese Aussagen keine synthetischen Behauptungen sein, die sich einmal möglicherweise als falsch erweisen werden. Vielmehr sind es dann *analytische Sätze*. Oder diese Aussagen bilden tatsächlich das Kernstück einer Miniaturtheorie von der erwähnten Art. Dann sind es *synthetische Aussagen*, Tatsachenbehauptungen, die uns nicht die Bedeutung von ‚wollen' geben, sondern diese Bedeutung bereits voraussetzen". Dieser Einwand beruht auf der vorausgesetzten Alternative „entweder definierende analytische Relationen oder synthetische Aussagen über die Wirklichkeit". Diese Unterscheidung ist heute fragwürdig geworden und die zitierten quasi-theoretischen Prinzipien bilden eine gute Illustrationsbasis für den Grund dieser Fragwürdigkeit.

Zunächst kann man sich klarmachen, daß *nicht alle* angeführten Aussagen als analytisch betrachtet werden können. Aus (*c*) und (*f*) zusammen ist z. B. die folgende Aussage ableitbar, in der „wollen" nicht mehr vorkommt: „Wenn dem *X* das Tagträumen über *p* angenehm ist, dann wird *X*, falls *p* unter geeigneten günstigen Bedingungen vorkommt, ohne daß . . ., erfreut sein"[65]. Diese Aussage dürfte allgemein als Tatsachenbehauptung, also als synthetische Aussage, aufgefaßt werden: man kann sich ja prinzipiell eine Falsifikation dieser Aussage vorstellen. Wären aber sowohl (*c*) wie (*f*) analytisch, so müßte auch diese daraus folgende Aussage als analytisch betrachtet werden; denn Folgerungen aus logischen oder analytischen Wahrheiten sind analytisch. Selbst dann, wenn es gelingen sollte, die sechs Konditionalsätze zu Äquivalenzbehauptungen zu verschärfen — so daß „*X* will *p*" durch ein „genau dann, wenn" mit einem entsprechenden rechts stehenden Ausdruck verknüpft würde —, könnte weder die Konjunktion aller rechts stehenden Aussagen noch eine Adjunktion von Konjunktionen unter ihnen als analytisch betrachtet werden, wenn man an den ungenauen und offenen alltäglichen Begriff des Wollens denkt.

Trotzdem können *gewisse* unter diesen Aussagen als analytisch betrachtet werden. Dies wird durch die Reflexion darauf nahegelegt, *daß man sie nicht in ihrer Gesamtheit einfach als synthetische Aussagen auffassen kann.* Einige

---

[65] Man erinnere sich hier an die frühere Erörterung der Dispositionsbegriffe. Aus den Symptomsätzen für „magnetisch" konnten wir dort den *empirischen* Satz ableiten: „Wenn ein Eisenstab die Kompaßnadelbedingung erfüllt, so wird er auch die Eisenspanbedingung erfüllen".

unter ihnen können auf Grund neuer Beobachtungen oder aus prinzipiellen theoretischen Überlegungen preisgegeben werden, aber nicht alle. Dies zeigt der Vergleich mit einem abstrakten psychologischen Gesetz, in welchem neben „wollen" eine Reihe von technischen psychologischen Ausdrücken vorkommen. Es wäre absurd, jemandem, der ein solches Gesetz verwirft oder überhaupt nicht versteht, zu sagen, daß er nicht wisse, was „wollen" bedeute. Wenn er hingegen alle sechs obigen Aussagen verwirft, so würden wir sagen, daß er offenbar nicht verstanden habe, was wir im Alltag „wollen" nennen, und daß er einen ganz anderen Begriff des Wollens verwende. Eine solche Reaktion ist verträglich mit dem Zugeständnis, daß die eine oder die andere der obigen Aussagen preisgegeben werden könne oder daß eine etwas modifizierte Fassung dieser Aussagen vorgeschlagen werden könne, ohne daß man berechtigt wäre zu sagen, daß der, welcher so etwas tut, den alltäglichen Begriff des Wollens nicht verstanden habe.

Die radikale Alternative „entweder analytisch (d. h. Bedeutung verleihend oder aus der Bedeutung folgend, aber ohne Tatsachengehalt) oder synthetisch" scheint im vorliegenden Fall also unangemessen zu sein. Wir bezeichnen die gegebene Menge quasi-theoretischer Prinzipien als *quasianalytische* Aussagen, um auszudrücken, daß einige Sätze aus dieser Menge, nicht jedoch die ganze Menge als solche, verwerfbar sind, ohne daß sich die Bedeutungen der darin enthaltenen Ausdrücke ändern, wobei nicht gesagt werden kann, *welche* die verwerfbaren sind[66].

Es soll damit nicht gesagt sein, daß alle streng theoretischen oder quasitheoretischen Prinzipien auch als quasi-analytisch zu betrachten seien. Letzteres gilt vielmehr nur von solchen Aussagen, die ähnlich den sechs Sätzen (*a*) bis (*f*) in bezug auf die Bedeutung eine *zentrale Stellung* haben. Ein psychologisches Gesetz, das, ohne die Bedeutung von „wollen" zu tangieren, fallengelassen werden könnte, hätte keine solche zentrale Stellung und wäre daher als ein rein synthetischer Satz zu betrachten. Diese Bemerkung ist deshalb von Wichtigkeit, weil das allgemeine Bild von theoretischen Begriffen leicht zum gegenteiligen Extrem führt, nämlich zu der Annahme, daß die Bedeutung eines theoretischen Begriffs gegeben sei durch die Gesamtheit der empirischen Sätze, in denen er vorkommt. Jedes theoretische oder quasi-theoretische Prinzip würde danach Element einer Menge quasi-analytischer Aussagen sein: Da mit Hilfe dieses Prinzips eindeutig empirische Folgerungen ableitbar seien, besitze es einerseits einen Tatsachengehalt; da die Bedeutung der in ihm vorkommenden theoretischen Terme nur durch das Vorkommen in solchen Prinzipien plus Korrespondenzregeln fixiert sei, hätten sie zugleich eine quasi-analytische Funktion. Praktisch würde dies bedeuten, daß *jedes* gegenwärtig akzeptierte Naturgesetz als quasi-analytischer Satz zu betrachten wäre. Wie die obige Bemerkung

---

[66] Aus analogen Erwägungen könnte man sie als *quasi-synthetisch* bezeichnen.

zeigt, wäre dies eine allzu schematische Vorstellung[67]. Nur solchen quasi-theoretische Begriffe enthaltenden quasi-theoretischen Prinzipien, die zugleich eine zentrale Stellung einnehmen, kann eine quasi-analytische Funktion zugeschrieben werden.

8.d Wir haben zwar oben ausdrücklich die Frage offen gelassen, welche epistemologische Funktion die *anderen* psychologischen Begriffe haben, die in den obigen sechs Aussagen vorkommen. Doch wird die erkenntnistheoretische Stellung des Wollens erst dann richtig deutlich, wenn man zugibt, daß zumindest einige unter diesen keine beobachtbaren Phänomene zum Inhalt haben. Dazu gehört z. B. der relationale Ausdruck „angenehm". „Erlebnis E ist für die Person X angenehm" könnte etwa expliziert werden durch „E ist ein Erlebnis, das X verlängert oder wiederholt haben will". Wer die Aussagen (a)-(f) als analytische Sätze ansieht, die keine weitere Aufgabe haben, als die Bedeutung von „wollen" zu definieren, würde in dieser Begriffserläuterung eine fehlerhafte Zirkularität erblicken, da soeben der Begriff „angenehm" selbst mit Hilfe des Wollens erläutert wurde. Tatsächlich steht aber diese „Zirkularität" im Einklang mit der Interpretation der sechs Sätze als einer Miniaturtheorie, welche *theoretische* Zusammenhänge zwischen Begriffen, wie dem Wollen und dem Erlebnis des Angenehmen und Unangenehmen, stiftet, *die keines unmittelbaren Aufweises und keiner streng definitorischen Zurückführung auf die Beobachtungsterme fähig sind.* Damit steht die Feststellung im Einklang, daß „angenehm", „Freude empfinden", „einen Impuls haben, etwas zu tun" gegenüber dem Wollen eine epistemologische Priorität besitzen und bei Vornahme eines präzisen Aufbaues der psychologischen Begriffe an früherer Stelle vorkommen würden als das Wollen.

8.e Zu den in den obigen Aussagen vorkommenden wichtigen Begriffen, für die eine ähnliche Charakterisierung wie für das Wollen gegeben werden müßte, würde vermutlich der Begriff des *Glaubens* gehören. Tatsächlich sind, wie im folgenden Abschnitt noch genauer zu erörtern sein wird, *simultane Hypothesen* über das Glauben und Wollen erforderlich, um eine Handlung zu erklären. Eine eigentümliche Schwierigkeit, die sich hieraus ergibt, ist die der *empirischen Prüfbarkeit* von Behauptungen, in denen ein solcher theoretischer oder quasi-theoretischer Begriff vorkommt. Könnte man z. B. einfache behavioristische Kriterien dafür, ob jemand p glaubt, angeben, so wäre bei Nichterfülltsein dieser Kriterien im konkreten Fall

---

[67] Die hier vorgetragene Auffassung unterscheidet sich somit nicht nur von der R. CARNAPs und W. V. QUINEs, sondern auch von der H. PUTNAMs, der die scharfe Unterscheidung nur für relativ unwichtige Begriffe, die keine „Gesetzesknotenbegriffe" sind, zuläßt. Hier wird aber gerade im letzteren Fall eine Unterscheidung getroffen, allerdings nicht für einzelne Sätze, sondern für ganze Satzklassen. Für den Vergleich mit den hier angedeuteten anderen Standpunkten muß der Leser auf die sehr umfangreiche Literatur über den analytisch-synthetisch-Gegensatz verwiesen werden.

der Schluß zulässig, daß er nicht an *p* glaubt. Da es sich aber um einen nicht aus dem Zusammenhang der psychologischen Begriffe herauslösbaren Dispositionsbegriff handelt, für den keine isolierten definierenden Bedingungen in der Beobachtungssprache formulierbar sind, stößt auch die isolierte Überprüfung einer Glaubenshypothese auf Schwierigkeiten. Man kann ein bestimmtes beobachtbares Verhalten zunächst nur für einen simultanen Test des Glaubens und Wollens benützen. Auch dies ist weiter nicht verwunderlich, sondern steht mit der allgemeinen Tatsache im Einklang, *daß man Sätze, in denen mehrere theoretische Begriffe vorkommen, keinem isolierten empirischen Test unterwerfen kann.* Im gegenwärtigen Fall entsteht allerdings, wie wir noch sehen werden, eine besonders verwirrende Situation dadurch, daß wir anscheinend, um überhaupt eine Überprüfung vornehmen zu können, eine Apriori-Hypothese über die Rationalität benötigen.

Wie steht es mit dem Verhältnis von Wollen und Wissen um das Wollen? Wenn man die obige Charakterisierung des Wollens akzeptiert, so kann es sowohl Situationen geben, in denen eine Person weiß, was sie will, als auch Situationen, in denen sie dies nicht weiß. Wenn z. B. eine der in (*a*) oder (*b*) angeführten Bedingungen erfüllt ist und die fragliche Person sich dessen bewußt ist, daß sie über eine gewisse Nachricht Freude oder Enttäuschung empfindet, so kann sie auf Grund dieser Beobachtung auch erfahren, daß sie etwas will. Sind solche Bedingungen jedoch nicht erfüllt, so kann es der Fall sein, daß sie nicht weiß, was sie will. In dieser Hinsicht verhält es sich ähnlich wie mit den Begriffen „mutig", „tapfer", „geizig", „hilfsbereit". Eine Person braucht nicht zu wissen, ob sie mutig ist; sie erfährt dies erst, wenn sie in eine Lage kommt, die ein mutiges Handeln erfordert. Manchmal kann sie durch eine Art von indirektem Test so etwas herauszubekommen versuchen. Aber die Testbedingungen sind häufig nicht realisierbar (z. B. die in (*e*) und (*f*) vorausgesetzten Bedingungen) oder nicht zuverlässig (z. B. im Fall (*c*) oder (*d*), sofern die Testperson überanstrengt oder übermüdet ist) oder nicht vollständig (z. B. liefert die hinreichende Bedingung des Wollens (*c*) im Fall ihrer Realisierbarkeit bei negativem Ausgang kein Kriterium dafür, daß man etwas *nicht* will; und die notwendige Bedingung (*d*) liefert bei positivem Ausgang kein Kriterium dafür, daß man etwas will).

8.f Kehren wir jetzt zu der Frage zurück, in welchem Sinn man Entscheidungen und Tätigkeiten durch Wollen erklären kann. Hier muß man unterscheiden, ob es sich um eine unwillkürliche oder um eine willkürliche (vorsätzliche) Tätigkeit handelt. Beispiele *von unwillkürlichen Tätigkeiten* sind die folgenden: *Jemand möchte gern Schifahren gehen* und findet sich plötzlich in *Tagträumen über das Schilaufen;* es lag keine bewußte Entscheidung vor, sich in Tagträumen über das Schilaufen zu ergehen. *Ein Wissenschaftler ist durstig,* erhebt sich von seinem Schreibtisch, geht zum Getränkeschrank und schenkt sich ein Glas Mineralwasser ein, ohne dabei

aufzuhören, über sein Problem nachzudenken; der Handlung ging kein
Räsonieren darüber voran, wie man etwas zu trinken bekommen könne.
Jemandem wird Konfekt angeboten, er greift in die Schachtel und holt sich ein
Stück heraus; er überlegte sich nicht: „ich möchte ein Bonbon; hier gibt es
welche; also nehme ich eines". Für die Erklärung kann an das „synthe-
tisch-quasi-analytische" Prinzip (*d*) angeknüpft werden. Es ist aber dabei
zu beachten, daß ein Impuls, *A* zu tun, nicht notwendig zu dieser Tätigkeit
führt: zwischen Handlungsimpulsen können Konflikte bestehen; Impulse
können zu schwach sein, um zu einer Handlung zu führen; sie können bewußt unterdrückt werden etc. Um unwillkürliche Handlungen durch ein
Wollen zu erklären, müßten daher *empirische Gesetzmäßigkeiten* benützt werden, *in denen Tätigkeitsimpulse mit Tätigkeiten verknüpft werden*. Ein solches
Prinzip müßte etwa besagen, daß ein Impuls zur Handlung wird, vorausgesetzt, daß gewisse Bedingungen erfüllt sind. Zu diesen Bedingungen würden vermutlich Persönlichkeits- und Charaktermerkmale des Handelnden,
allgemeine Eigenschaften der Situation (eingeschlossen die soziale
Situation), eine bestimmte Mindeststärke des Impulses sowie die Eigenschaften der geforderten Tätigkeit gehören. *Beim heutigen Stand der psychologischen Forschung stehen uns keine solchen Prinzipien zur Verfügung, weder solche
von der Gestalt strikter Gesetze noch solche, die den Charakter statistischer Regelmäßigkeiten haben.*

Mit diesem negativen Resultat haben wir aber doch eine Klarheit ge-
wonnen: Wir haben damit den Punkt fixiert, an dem bei der Erklärung unwillkürlicher Handlungen *eine entscheidende Lücke* besteht. Das Faktum dieser
Lücke ist aber noch kein hinreichender Grund, um das Hempelsche Schema
der wissenschaftlichen Erklärung für den vorliegenden Fall preiszugeben.
Vielmehr setzen wir im Alltag wie in der Wissenschaft voraus, *daß solche
Regelmäßigkeiten bestehen und daß die für ihre Anwendbarkeit auf einen konkreten
Fall erforderliche Kombination von relevanten Faktoren vorliegt.* Die fragmenta-
rische Erklärung besteht dann darin, daß auf die Willensziele des Handelnden Bezug genommen und höchstens ein solches allgemeines Prinzip wie
der Satz (*d*) von 8.a angeführt wird. Was man mit einer solchen Erklärung
meint, ist jedenfalls, daß solche Gesetzmäßigkeiten bestehen. Dafür genügt es, deren Existenz anzunehmen. In der Sprechweise von I, 8 formuliert:
es wird im Grunde keine Erklärung gegeben, sondern eine *Erklärbarkeitsbehauptung* aufgestellt. Etwas ganz anderes ist es, einen Nachweis dafür zu
erbringen, daß die Erklärbarkeitsbehauptung *richtig* ist. Dies kann nur so
geschehen, daß diese Gesetze *effektiv angegeben werden*.

Es handelt sich hier um ein Vorgehen, das wir auch im außerwissen-
schaftlichen Bereich gewöhnlich anwenden: Wenn wir Erklärungen in der
sprachlichen Gestalt singulärer Kausalurteile geben, so greifen wir nur
einige, uns besonders wichtig erscheinende Bedingungen heraus — die
wir dann bisweilen als „die Ursache" bezeichnen — und führen auch nur ein

paar oder gar keine allgemeinen Prinzipien an, unter die das fragliche Phänomen zu subsumieren ist. Der Unterschied ist nur der, daß wir bei solchen
Erklärungen von anorganischen Phänomen stillschweigend voraussetzen,
daß ein kompetenter Fachmann die lückenhafte Erklärung zu einer vollständigen Erklärung ergänzen könnte, während wir im vorliegenden Fall,
wie wir gesehen haben, gegenwärtig eine solche Voraussetzung nicht machen
dürfen. Doch ist dabei erstens zu bedenken, daß es eine Zeit gab, zu der auch
Erklärungen anorganischer Vorgänge wesentlich lückenhaft waren, da die
relevanten Gesetzmäßigkeiten nicht bekannt waren; ferner zweitens, daß
wir angesichts der Nichtverifizierbarkeit aller Gesetzeshypothesen in keinem Bereich wissen können, ob unsere hypothetisch angesetzten Erklärungsversuche wahre Erklärungen sind oder ob nicht angesichts unserer Un-
kenntnis der wahren Gesetze auch hier eine wesentliche Lückenhaftigkeit
vorliegt; schließlich drittens, daß deswegen auch jede Erklärbarkeitsbehauptung, die überhaupt keine Gesetze ausdrücklich erwähnt, zu einem zu-
künftigen Zeitpunkt nicht verifiziert, sondern bestenfalls induktiv bestätigt
werden kann, nämlich induktiv bestätigt in dem Maße, als die für die Trans-
formation der Erklärbarkeitsbehauptung in eine effektive Erklärung benötigten faktischen Gesetzeshypothesen bestätigt sein werden. Der langen
Rede kurzer Sinn ist also der: Um unwillkürliche Handlungen erklären zu
können, müßten wir Gesetze über den Zusammenhang von Handlungsimpulsen und Handlungen haben, die wir noch nicht besitzen. Es liegt aber
im *Sinn* einer Behauptung, die eine „unwillkürliche" Handlung dadurch erklärt, daß ein bestimmtes Wollen als Ursache angeführt wird, *daß* derartige
Gesetzesmäßigkeiten *existieren*. Etwas anderes aber ist es, den *Sinn* einer
Aussage zu erklären, als *einen Beweis für die Richtigkeit* dieser Aussage zu
liefern.

Auch im Fall der *willkürlichen*, also der *bewußt vorsätzlichen Handlungen*,
liegt der Zusammenhang zwischen Wollen und Handeln nicht auf der Hand.
Die Komplexität ist hier vielmehr noch größer. Eine Person X kann p wollen und
dies auch wissen; sie kann außerdem glauben, daß die Verwirklichung von
A zu p führt, und trotzdem A *nicht* tun. Einer der Gründe hierfür kann der
sein, daß die bewußte Berechnung der mutmaßlichen Konsequenzen der
Tätigkeit A ergibt, daß die Handlung A mit Sicherheit oder mit großer
Wahrscheinlichkeit zu Konsequenzen $B, B', \ldots$ führen wird, welche die
Person „in höherem Grade" *nicht* will, als sie p will. Ein anderer Grund kann
in *moralischen Überlegungen* bestehen: X will p, *glaubt* jedoch, daß es schlecht
sei, dies zu wollen; oder daß es schlecht sei, die Handlung A zu begehen.
Umgekehrt kann der Glaube, daß p gut sei, zur Tätigkeit A führen, trotz
der Tatsache, daß X p gar nicht will: selbst im Fall vorsätzlicher Handlungen
braucht das, was jemand tut, von ihm nicht gewollt zu sein; auch Konsequenzen dieser Handlungen brauchen nicht gewollt zu sein. Schließlich ist
noch zu bedenken, daß auf Grund der obigen Charakterisierung des Wol-

lens nicht vorausgesetzt werden darf, daß jemand stets weiß, was er will. Dies gilt auch für den Fall vorsätzlicher Handlungen. Weiß jemand nicht, daß er p will, so wird er dem Umstand, daß A zu p führt, keine Beachtung schenken — auch wenn er dies weiß — und selbst bei streng rationaler Überlegung des Für und Wider geplanter Handlungen die Tatsache, daß A p zur Folge hat, nicht als Pluspunkt rechnen.

Diese Überlegungen zeigen: Selbst wenn wir zu den Willenszielen eine Glaubensbasis hinzunehmen, können wir im Fall vorsätzlicher Handlungen nicht behaupten, daß die Tätigkeit durch das Glauben und Wollen *erklärt* sei: eines ist es, p zu *wollen* und zu *glauben*, daß die Tätigkeit A zu p führen wird; ein anderes, A zu tun. Wie im unwillkürlichen Fall werden empirische Gesetzesmäßigkeiten benötigt, um die lückenhafte Erklärung zu vervollständigen. Leider aber liefert uns auch hier, ebenso wie im Fall unwillkürlicher Handlungen, die heutige psychologische Theorie keine empirisch fundierten Gesetzmäßigkeiten, welche für den Fall vorsätzlicher Handlungen Willensziele, Überzeugungen und Handlungen für beliebige Personen und beliebige Situationen verknüpfen. Die obigen Bemerkungen über die Relevanz moralischer Erwägungen machen es wahrscheinlich, daß die geforderten Gesetze noch viel komplizierter sein dürften als die für die Erklärung unwillkürlicher Handlungen benötigten Gesetzmäßigkeiten: Die Gesetze müßten ja unter anderem die Prognose ermöglichen, welche Entscheidung eine Person bei gegebenen sonstigen Umständen im Fall des „Konfliktes zwischen Pflicht und Neigung" treffen wird.

8.g In gewissen Fällen mag es allerdings der Fall sein, daß wir in empirisch begründeter Weise annehmen dürfen, daß ein bestimmter Handelnder H (überhaupt oder zu einem bestimmten Moment) ein *rational* Handelnder ist. Und dies bedeutet, daß wir die folgende Gesetzmäßigkeit als von ihm geltend annehmen können: „H wird zu einer beliebigen Zeit t jene unter allen von ihm für möglich gehaltenen Handlungen vollziehen, von denen H glaubt, daß sie den erwarteten Nutzen maximalisiert" (evtl. müßte hier die Spezialisierung auf einen Zeitpunkt erfolgen).

G. Ryle nennt ein Prinzip von der Art des eben zitierten „Rationalitätsgesetzes", *für welches die Bezugnahme auf eine bestimmte Person wesentlich ist*, eine *gesetzesartige Aussage*[68]. Es ist durchaus denkbar, daß das beste, was wir sowohl für die Erklärung unwillkürlicher wie für die Erklärung willkürlicher oder vorsätzlicher Handlungen gewinnen können, solche gesetzesartigen Aussagen im Ryleschen Sinn oder *Individualgesetze* sind, während es nicht glückt, zu entsprechenden Verallgemeinerungen bezüglich *beliebiger* Personen und *beliebiger* Situationen zu gelangen.

---

[68] Diese Bezeichnung hat natürlich nichts zu tun mit dem in V diskutierten Problem der Gesetzesartigkeit im Goodmanschen Sinn.

Selbst unter der sehr speziellen Voraussetzung jedoch, daß wir für eine bestimmte Person ein Individualgesetz von der Art des obigen Rationalitätsprinzips als geltend annehmen, wären wir noch immer nicht am Ende: Dieses Prinzip verknüpft ja nicht Willensziele mit Handlungen, sondern *Urteile über* Willensziele mit Tätigkeiten. Diese Urteile haben die Gestalt von Schätzungen des zu erwartenden Nutzens. Für eine lückenlose *empirische Erklärung* müßte selbst im Fall des rational Handelnden noch mindestens *ein weiteres Gesetz* zur Verfügung stehen, *welches das, was eine Person will, mit seinen Schätzungen des erwarteten Nutzens verknüpft.* Die Schwierigkeit liegt hier vor allem wieder darin, daß eine Person nicht zu wissen braucht, was sie will. Außerdem war stillschweigend vorausgesetzt worden, daß wir die Präferenzskala eines Individuums zu erkennen vermögen, ferner daß eine im geschilderten Sinn rationale Person auch in dem ganz anderen Sinn rational ist, daß sie z. B. keine einfachen Rechenfehler bei der Nutzenrechnung begeht. Auch an dieser Stelle fehlt vorläufig noch eine Kenntnis der relevanten Gesetzmäßigkeiten.

Da wir keine streng theoretischen Erklärungen zu geben vermögen, begnügen wir uns stattdessen mit alltäglichen und skizzenhaften Erklärungen. Diese beruhen auf ungefähren, über den Inhalt der quasi-analytischen Prinzipien (*a*) bis (*f*) jedoch weit hinausgehenden Verallgemeinerungen, wie daß die meisten Menschen (oder die meisten Menschen von bestimmtem Typ) ihre Handlungen auf gewisse rationale Überlegungen stützen, daß sie dabei in der Regel keine trivialen logischen Schnitzer und Rechenfehler begehen. Andererseits stützen sich diese Erklärungen auf das konkrete empirische Wissen über bestimmte Personen oder Personenkreise, von deren Rationalität wir überzeugt zu sein glauben, deren Präferenzskala wir zu kennen glauben etc. Diese Tatsache, daß wir uns bei Erklärungen von Handlungen durch Bezugnahme auf ein Wollen fast immer auf solcherlei „Commonsense-Überlegungen" stützen müssen, zeigt nicht, daß das Hempelsche Modell der wissenschaftlichen Erklärung hier unanwendbar ist, sondern bloß, daß wir mangels entsprechender wissenschaftlich begründbarer theoretischer Einsichten (vorläufig oder vielleicht für immer) ersatzweise auf vorwissenschaftliche Überzeugungen, Annahmen und Vermutungen zurückgreifen müssen.

8.h Zum Schluß soll noch die früher angedeutete Schwierigkeit bei der *Überprüfung* von Aussagen für das Glauben und Wollen von Personen zur Sprache kommen. Eine empirische Überprüfung solcher Aussagen muß sich auf die Beobachtung des *sprachlichen* und *außersprachlichen Verhaltens* der fraglichen Person stützen. Nun führt aber eine hypothetische Annahme darüber, was jemand will, nur dann zu der Folgerung, daß er das und das tun wird, wenn man mit der ersten Annahme eine zweite Hypothese darüber verbindet, wovon er überzeugt ist. Und umgekehrt führt auch eine Hypothese über das Glauben nur dann zu handlungsmäßigen Konsequenzen, wenn sie mit einer Hypothese über das Wollen verknüpft ist (*Schwierig-keit I*). Meine Annahme, Hans *glaube*, daß es regnen werde, hat nur dann die Behauptung zur Folge, daß er den Regenschirm ergreifen werde, wenn ich weiter annehme, daß er das Haus verlassen *möchte*, daß er nicht naß werden *will*, daß er *glaubt*, der Regenschirm werde ihn vor dem Naßwerden schützen usw. Dies erkennt man auch daran: *Wenn Hans den Regenschirm nicht ergreift, so ist dies keine empirische Falsifikation der Behauptung, er glaube, daß es regnen werde*. Bestenfalls (obwohl mit den erwähnten Einschränkungen) wäre dies so, wenn ich *wüßte*, daß er das Haus verlassen will; aber das will er vielleicht gar nicht! Und meine Annahme, Hans *wolle* etwas essen, erklärt nur dann seine Tätigkeit, sich ein Stück Brot abzuschneiden, wenn ich zugleich voraus-setze, er *glaube*, daß es sich hierbei um ein genießbares Lebensmittel handle, das seinen Hunger stillen werde. Wenn weit und breit kein weiteres Lebens-mittel zu sehen ist und er sich trotzdem kein Brot abschneidet, *so ist dies keine Falsifikation der Annahme, daß er etwas essen will*, sondern vielleicht nur eine Widerlegung der Annahme, daß er glaubt, das Brot sei noch genießbar.

Empirische Untersuchungen über das Verhalten einer Person können also nur zur simultanen Überprüfung von Hypothesen über Glauben und Wollen benützt werden. HEMPEL spricht daher von der epistemologischen Interdependenz von Glaubens- und Wollensattributionen. Dies ist jedoch nicht die von uns gemeinte Schwierigkeit. Vielmehr steht diese Tatsache mit der früheren Feststellung im Einklang, daß es sich bei Begriffen wie Willenszielen, Moti-ven, Überzeugungen um quasi-theoretische Begriffe handelt, die durch quasi-theoretische Prinzipien untereinander und mit anderen Begriffen von derselben Art oder von mehr „beobachtungsmäßigem" Charakter ver-knüpft sind. Die eigentliche von HEMPEL hervorgehobene Schwierigkeit tritt erst in Erscheinung, wenn man sich auf die Rolle der Rationalität bei einer solchen empirischen Überprüfung konzentriert (*Schwierigkeit II*).

Wir werden nämlich bei der empirischen Überprüfung eine Simultan-hypothese über das Glauben und Wollen ungefähr das folgende allgemeine Prinzip anwenden: „Wenn eine Person (oder *diese* ganz bestimmte Person) X das Ziel Z erreichen will, so wird sie jenen Handlungsverlauf wählen, welcher auf der Grundlage dessen, was sie glaubt, den besten Erfolg ver-spricht" (R). Wenn dann die Person unter der Annahme bestimmter Über-zeugungen und Ziele ein Verhalten an den Tag legt, das mit diesem Prin-zip nicht im Einklang steht, so werden wir unsere Hypothese über diese Ziele und Glaubensinhalte verwerfen; d. h. wir werden die Simultanhypo-these verwerfen, ohne im Augenblick genau spezifizieren zu können, welche Teile dieser komplexen Hypothese verworfen werden müssen. Nun bef sagt aber das Prinzip (R) nicht weniger, als daß die Person X ein relativ au-ihren Glauben und ihr Wollen *rationales* Verhalten wählen wird. *Diese Ra-tionalitätsannahme wird bei der empirischen Untersuchung keineswegs mit überprüft, sondern dabei vorausgesetzt.*

Wir scheinen uns somit in einer ganz merkwürdigen Situation zu befinden: *Um eine empirische Hypothese darüber, was eine Person glaubt und will, überprüfen zu können, müssen wir eine Apriori-Hypothese über die Rationalität dieser Person ungeprüft zugrundelegen.* Dies gilt auch dann, wenn wir von einer festen Hypothese über die Überzeugungen der Person ausgehen, d. h. diese Hypothese als Faktum ansehen und daher nur die Wollenshypothese zu überprüfen haben; oder wenn umgekehrt das Willensziel als gegeben betrachtet wird und bloß eine Hypothese darüber, was die Person glaubt, zu testen ist. Die Schwierigkeit II ist also von der Schwierigkeit I gänzlich unabhängig.

Die Annahme einer solchen Apriori-Hypothese scheint einen bedenklichen *Dogmatismus* zu beinhalten, der sich auch im Schema der rationalen Erklärung (ERat) auswirkt: Eine der dortigen Prämissen, nämlich daß die Person ein rational Handelnder war, ist nun keine empirisch bestätigte Annahme mehr, sondern ein Satz, der auf Grund von Festsetzung wahr ist. Seine Wahrheit bildet die stillschweigende Voraussetzung für das Testkriterium von Hypothesen über Willensziele und Überzeugungen. Eine empirische Falsifikation dieser Voraussetzung wäre ausgeschlossen. Ein scheinbarer Widerstreit zwischen dieser Voraussetzung und den tatsächlich gemachten Beobachtungen — der sich in einem Widerspruch zwischen diesen tatsächlichen Beobachtungen und (*R*) äußern würde — müßte vielmehr als empirische Widerlegung von Hypothesen darüber gedeutet werden, was der Handelnde glaubt oder will oder beides.

HEMPEL ist der Meinung[69], daß zumindest in vielen Fällen die Rationalitätshypothese ihrerseits einem unabhängigen empirischen Test unterworfen werden kann, der u. U. zu einer Preisgabe dieser Hypothese und Beibehaltung der Annahme über die Ziele und Überzeugungen des Handelnden führen könnte. So kann es z. B. der Fall sein, daß eine Person im Augenblick der Entscheidung wichtige relevante Informationsdaten vergessen oder übersehen hat und daß wir empirische Symptome für dieses Vergessen beobachten. In analoger Weise kann eine Person gewisse Aspekte des erstrebten Zieles übersehen oder es können ihr, wie bereits erwähnt, logisch-arithmetische Fehler in ihren Kalkulationen unterlaufen. Für alle diese Möglichkeiten eines „Zusammenbruches der Rationalität" sind starke empirische Stützen denkbar, sei es auch, daß diese Stützen nur in eine allgemeine Richtung weisen wie: mutmaßliches Nachlassen des Erinnerungs- und logischen Denkvermögens infolge starker nervlicher Anspannung, Erregung, Übermüdung u. dgl.

Allerdings darf man sich wieder, wie gegenüber der Bemerkung von HEMPEL zu betonen wäre, die Sache nicht zu leicht vorstellen. Denn die logische Schwierigkeit ist ja selbst bei Überprüfungsmöglichkeit der Ratio-

---

[69] [Aspects], S. 476.

nalitätshypothese nicht behoben, sofern nämlich die Überprüfung zu einem negativen Resultat führt: Wenn wir zu Hypothesen $H_1, \ldots, H_n$ über das Glauben und Wollen von X nur dadurch gekommen sind, daß wir die empirischen Tests unter der Voraussetzung einer Apriori-Hypothese H^* über die Rationalität von X anstellten, so werden alle jene Hypothesen in dem Moment fraglich, wo wir uns auf Grund des Ergebnisses unabhängiger Überprüfung der eben skizzierten Art genötigt sehen, jene Apriori-Hypothese preiszugeben. Will man die anderen Hypothesen dennoch beibehalten, so müssen sie in einer von der Rationalitätshypothese unabhängigen Weise überprüfbar sein. Eine solche Überprüfungsmöglichkeit besteht im Prinzip dann, wenn relevante mündliche oder schriftliche Äußerungen des Handelnden vorliegen. In diesem Fall benötigt man allerdings eine *neue Oberhypothese* über die moralische Zuverlässigkeit der betreffenden Person in bezug auf Äußerungen der fraglichen Art. Für diese Oberhypothese ist wiederum eine *unabhängige* Überprüfung denkbar. Liegen dagegen keine sprachlichen Äußerungen vor, so wird nur der positive Ausgang einer Überprüfung der Rationalitätshypothese einen weiteren brauchbaren empirischen Test von Willens- und Glaubenshypothesen ermöglichen. *Bei negativem Ausgang jener Überprüfung werden wir dagegen in vielen Fällen entweder ganz im dunklen tappen oder auf höchst unsichere Vermutungen angewiesen bleiben.*

Zusammenfassend sei der Leser daran erinnert, daß in diesem Abschnitt drei Gruppen von Themen angeschnitten wurden, die methodisch scharf voneinander zu trennen sind. Das erste Thema betraf die implizite Charakterisierung dispositioneller, theoretischer oder quasi-theoretischer Begriffe mit Hilfe von Symptomsätzen oder quasi-theoretischen Prinzipien. Dies gehört zur Problemgruppe „*Einführung von Begriffen*". Hier stellten wir fest, daß nur eine partielle Interpretation der fraglichen Begriffe möglich ist, wie dies bei theoretischen Begriffen stets der Fall zu sein pflegt. Das zweite Thema, das wir allerdings mit dem ersten verknüpften, betraf die Frage der *Erklärungen menschlicher Handlungen*, in denen solche quasi-theoretischen Begriffe vorkommen. Dabei gelangten wir zu der Feststellung, daß beim heutigen Stand der Wissenschaft sowohl bei den Erklärungen unwillkürlicher wie bei den Erklärungen vorsätzlicher Handlungen entscheidende Lücken klaffen. Wenn wir dennoch Handlungen durch Berufung auf das, was jemand will, erklären, so ist dies eine unvollständige Erklärung oder eine bloße Erklärbarkeitsbehauptung, die ihre Rechtfertigung darin findet, daß wir die Existenz solcher empirischer Gesetzmäßigkeiten voraussetzen, auch wenn wir sie nicht anzugeben vermögen. Schließlich haben wir das Problem der *Überprüfung von Hypothesen über das Glauben und Wollen* angedeutet: Einerseits sollte der empirische Rationalitätsbegriff sich auf Annahmen von Überzeugungen und Wollen stützen; andererseits scheint ein Rationalitätsprinzip vorausgesetzt zu werden, um überhaupt Hypothesen über das Glauben und Wollen empirisch testen zu können.

Die hier angedeuteten Probleme treten in ähnlicher Weise im naturwissenschaftlichen Bereich auf, insbesondere die zum ersten und zum dritten Thema (im letzteren Fall allerdings nur bezüglich der Schwierigkeit I) gehörenden Probleme. Denn auch dort haben wir es häufig mit theoretischen Begriffen zu tun, die durch Postulate und Korrespondenzregeln nur *partiell* empirisch deutbar sind und bezüglich deren wir in der Regel nur *Simultanhypothesen* formulieren und überprüfen können. Dagegen sind wir in bezug auf das zweite Thema im naturwissenschaftlichen Fall meist in der glücklicheren Lage, lückenlose Gesetzmäßigkeiten anführen zu können.

9. Das Modell des bewußt-rationalen und des unbewußt-rationalen Verhaltens Erklärungen mittels unbewußter Motive

9.a Der Gedanke liegt nahe, eine Analogie anzunehmen zwischen der Verwendung des Begriffs des rationalen Handelns und dem in den exakten Naturwissenschaften üblichen Gebrauch idealisierender Modelle. Obwohl in der Natur keine Objekte im strengen Sinn jene Gesetze erfüllen, die für Massenpunkte, ideale Pendel, reibungslose Flüssigkeiten und ideale Gase aufgestellt werden, lassen sich diese Modelle für Erklärungszwecke verwenden. Denn der Physiker ist imstande zu zeigen, daß unter einem breiten Spielraum von Bedingungen reale physikalische Gebilde approximativ die im Modell formulierten Voraussetzungen erfüllen. In vielen Fällen ist er außerdem imstande, eine zusätzliche Erklärung für die Abweichung des tatsächlichen Verhaltens von der im idealen Modell geltenden Verhaltensweise zu geben, etwa für den Unterschied des funktionellen Zusammenhanges von Temperatur, Druck und Volumen tatsächlicher Gase im Verhältnis zu den für ideale Gase aufgestellten Gesetzmäßigkeiten.

In ähnlicher Weise könnte man den Begriff des rationalen Verhaltens, der in Erklärungen mittels motivierender Gründe verwendet wird, als ein idealisierendes Modell ansehen und die Prinzipien dieses Verhaltens als ideales Gesetz bzw. als ideale Gesetzmäßigkeiten. In dieser Annahme werden wir bestärkt durch den Umstand, daß in den systematischen Geisteswissenschaften, insbesondere etwa in der theoretischen Nationalökonomie, von den Forschern bewußt von idealisierenden Modellen Gebrauch gemacht wird und daß zu diesen Idealisierungen insbesondere auch solche über die *Rationalität des Verhaltens*, etwa „Verhalten gemäß dem ökonomischen Prinzip", gehören. Hier ist aber Vorsicht am Platz, um nicht, ähnlich wie wir dies bei DRAY beobachten konnten, unvermutet von der deskriptiven in die normative Betrachtungsweise abzugleiten, eine Gefahr, die in den naturwissenschaftlichen Fällen nicht besteht[70]. Das, worum es sich hier handelt, ist ja nicht die normative Verwendung des Modells des rationalen Handelns zum Zwecke *wertmäßiger Beurteilung* historisch gegebener Handlungen als mehr oder weniger rational, sondern die Benützung dieses Begriffs als eines *erklärenden Modells.*

Die Überprüfung der Frage, ob dieses Modell in speziellen Situationen anwendbar ist, stößt auf schwierige Probleme. Eine Klasse solcher Probleme haben wir im vorigen Abschnitt kennengelernt: Handlungen sind rational nur relativ auf bestimmte Zielsetzungen und einen bestimmten Glauben. Es muß daher die Möglichkeit eines unabhängigen Tests von Willenszielen und Überzeugungen geben. Wie wir gesehen haben, besteht wegen des theoretischen Charakters dieser Begriffe die Gefahr der Zirkularität, da die üblichen Testmethoden die Rationalität bereits vorauszusetzen scheinen. Unabhängig davon aber besteht das nicht weniger schwierige und sogar grundlegendere Problem, was unter den Zielen und Überzeugungen eines Handelnden zu einer bestimmten Zeit *zu verstehen* ist. Daß es sich um „Dispositionen im weiteren Sinn" handelt, für die keine scharfe Definition gegeben werden kann, haben wir bereits festgestellt. Es treten aber noch zusätzliche Fragen auf. Wie wir gesehen haben, braucht jemand nicht zu wissen, was er will. Ebenso kann jemand alles mögliche glauben, ohne es zu wissen, und zwar nicht nur in dem Sinn, daß er im Augenblick nicht daran denkt, sondern auch in dem schärferen Sinn, daß er nie daran gedacht hat oder daran denken wird. Dies beruht darauf, daß wir nicht umhin können, auch gewisse *logische Folgerungen* dessen, was er glaubt, zu seinen Überzeugungen zu rechnen, selbst dann, wenn er diese Folgerungen nicht bewußt vollzogen hat. Wenn jemand glaubt, daß 9 plus 7 plus 3 = 19 ist und daß Nilpferde, Elefanten und Kühe Säugetiere sind, so erscheint es als vernünftig und notwendig zu behaupten, daß er glaubt, daß 9 Nilpferde, 7 Elefanten und 3 Kühe zusammen 19 Säugetiere ergeben. Wo aber ist hier die Grenze zu ziehen, nämlich die Grenze zwischen dem, was einer glaubt, ohne daran zu denken, und dem, was wir nicht mehr zu seinen Überzeugungen rechnen können?

Für das *normative Modell des rationalen Handelns* würde die Antwort auf der Hand liegen. Hier müßte die Informationsbasis *als abgeschlossen gegenüber der logischen Ableitbarkeitsbeziehung* betrachtet werden. Ein idealisiertes rationales Wesen sollte an alle logischen Folgerungen aus seinen Überzeugungen glauben. Wir würden von der deskriptiven in die normative

---

[70] Das Modell der freien Verkehrswirtschaft kann z. B. nicht nur dafür verwendet werden, um gewisse Vorgänge im Wirtschaftsmechanismus approximativ zu *erklären,* sondern auch dazu, um zu beurteilen, in welchem Maße ein angeblich marktwirtschaftliches Gebilde dem Idealgebilde einer freien Verkehrswirtschaft nahekommt und in welchem Grade es sich auf Grund institutionalisierter zentralstaatlicher Eingriffe davon entfernt.

Betrachtungsweise abgleiten, wollten wir diese Annahme auch hinsichtlich des *erklärenden Modells des rationalen Handelns* machen. Eine der uns in einem späteren Zusammenhang in VIII noch beschäftigenden Schwierigkeiten, die bei der logischen Analyse von Glaubenssätzen auftreten, besteht gerade darin, daß eine Person de facto an einen von zwei logisch äquivalenten Sätzen glauben kann, ohne an den anderen zu glauben. Und man wird nicht sagen wollen, daß Mathematiker an alle Lehrsätze einer ihnen bekannten axiomatischen Theorie glauben, z. B. auch an solche, die erst in Jahrzehnten entdeckt werden. Unsere obige Frage war also berechtigt: Die Überzeugungen eines Handelnden können durch eine Klasse von Sätzen oder Propositionen repräsentiert werden, die zwar, wie das obige und viele analoge Beispiele zeigen, gegenüber *gewissen* logischen Transformationen abgeschlossen ist, jedoch sicherlich nicht abgeschlossen gegenüber *allen* logischen Ableitungen. Die begriffliche Umgrenzung dieser Klasse scheint ein vorläufig ungelöstes Problem darzustellen. Die Unklarheit dieses Begriffs überträgt sich dann aber auch auf die des rationalen Handelns. Diese Rationalität soll ja in einem optimalen Verhalten relativ zu den gesetzten Zielen *und der verfügbaren Informationsbasis* bestehen.

HEMPEL hat vorgeschlagen, als Ausweg aus dieser Schwierigkeit die Fälle des *bewußten rationalen Handelns* herauszugreifen und von denen des unbewußten Handelns zu trennen. Eine *bewußt* rationale Tätigkeit liegt vor, wenn diese im Sinn genauer anzugebender Kriterien rational ist im Verhältnis zu jenen Zielen und Überzeugungen, die der Handelnde bei seinen Entschlüssen bewußt in Erwägung zieht. In vielen rationalen Erklärungen wird nur an solche Fälle gedacht. Als ein Beispiel für eine mögliche Anwendung dieses Modells des bewußt rationalen Handelns auf eine konkrete geschichtliche Situation, das zugleich als Mittel zur Überprüfung der Tauglichkeit dieses Modells dienen kann, führt HEMPEL BISMARCKs Veröffentlichung der redigierten Emser Depesche an. Dies ist ein besonders günstig gelagerter Fall, weil der rational Handelnde (BISMARCK) später in seinen „Gedanken und Erinnerungen" über das, was in ihm damals vorging, mit großer Offenheit und Objektivität berichtete. Es sei zunächst an die Vorgeschichte erinnert.

Für eine gewisse Zeit erschien es als ziemlich wahrscheinlich, daß der Hohenzollernprinz LEOPOLD König von Spanien würde. Es kam dadurch zu schweren politischen Spannungen zwischen Frankreich und Preußen, weil Frankreich in der Sorge vor einer spanisch-deutschen, gegen Frankreich gerichteten Konstellation stark gegen diese Möglichkeit opponierte. BISMARCK hatte für einige Zeit gehofft, daß diese Spannungen einen Kriegsgrund gegen Frankreich liefern würden. In diesen Hoffnungen sah er sich enttäuscht, da der Prinz — vermutlich um die drohende Kriegsgefahr zu beseitigen — die Kandidatur niederlegte, so daß die Aussichten auf den militärischen Konflikt dahinschwanden. Nun war aber Frankreich mit dieser Zufallslösung nicht zufrieden und wollte eine Garantie dafür, daß sich so etwas nicht mehr wiederholen könne. Man schickte den Botschafter BENEDETTI zum preußischen König WILHELM, der sich gerade in Bad Ems aufhielt. Der Botschafter trug dem Preußenkönig die französische Forderung vor, daß er die Wiederaufnahme einer solchen Kandidatur für alle Zukunft ausschließen solle. Dies wollte der König jedoch nicht tun und er informierte BISMARCK von dem Vorfall in einem Telegramm. Wie aus dem Wortlaut des Telegramms hervorgeht, war der König über dieses französische Ansinnen gar nicht aufgebracht, sondern teilte einfach seine Gründe für die Ablehnung der französischen Forderung mit. Er überließ dabei BISMARCK die Entscheidung, den Inhalt dieses Telegramms zu veröffentlichen oder nicht. BISMARCK ergriff diese Gelegenheit und überarbeitete den Text des Telegramms mit der Absicht, Frankreich zur Kriegserklärung zu veranlassen.

Die Frage wurde vielfach diskutiert, warum BISMARCK dies getan habe. Er selbst führt in seinen Erinnerungen die Gründe dafür an, daß er Krieg mit Frankreich suchte. Zu diesen Gründen gehörten: Rettung der nationalen Ehre Preußens gegenüber der als unverschämt empfundenen französischen Forderung; BISMARCKs Überzeugung, daß der zu erwartende Prestigeverlust die Aussichten auf die Errichtung eines deutschen Reiches unter preußischer Führung schwer beeinträchtigen könne, sowie seine Hoffnung, daß ein Krieg gegen Frankreich dazu dienen werde, die Gegensätze zwischen den deutschen Ländern, die er vereinigen wollte, zu überbrücken. Schließlich kam noch die Mitteilung durch den preußischen Generalstab hinzu, daß angesichts der militärischen Bereitschaft Preußens vom Aufschub des Kriegsausbruchs kein Vorteil zu erwarten sei. BISMARCK sagt in seinen „Gedanken und Erinnerungen" über die in Gegenwart der beiden Tischgäste ROON und v. MOLTKE vorgenommene Revision des Telegramms wörtlich: „Alle diese Erwägungen, bewußt und unbewußt, verstärkten in mir die Empfindung, daß der Krieg nur auf Kosten unserer Preußischen Ehre und des nationalen Vertrauens auf dieselbe vermieden werden könne. Wegen dieser Überzeugung machte ich von der mir ... übermittelten Königlichen Ermächtigung Gebrauch, den Inhalt des Telegramms zu veröffentlichen, und reduzierte ... das Telegramm durch Streichungen, ohne ein Wort hinzuzusetzen oder zu ändern ...".[71]

Die veröffentlichte Version der Depesche mußte den Eindruck erwecken, als sei der französische Botschafter vom Preußenkönig in einer beleidigenden Weise behandelt worden. Tatsächlich hatte die Publikation den von Bismarck gewünschten Effekt: Frankreich betrachtete diesen Vorfall als eine nationale Beleidigung und es kam zum Krieg. BISMARCK gibt in seinen

---

[71] Die Originalfassung des Telegramms findet sich in Bd. II, S. 87 von „Gedanken und Erinnerungen", die revidierte Fassung BISMARCKs auf S. 90f. desselben Bandes.

Erinnerungen offen zu, daß er das veröffentlichte Telegramm als solches
Mittel zum Zweck benützt hatte. Wie er schreibt, hatte er bereits unmittelbar nach Abfassung der zu publizierenden Version des Telegramms seinen
beiden Gästen die folgende Erläuterung gegeben: „Wenn ich diesen Text...
nicht nur an die Zeitungen, sondern auch telegraphisch an alle unsere Ge-
sandtschaften mitteile, so wird er vor Mitternacht in Paris bekannt sein und
dort nicht nur wegen des Inhaltes, sondern auch wegen der Art der Verbreitung den Eindruck des roten Tuches auf den gallischen Stier machen.
Schlagen müssen wir, wenn wir nicht die Rolle des Geschlagenen ohne
Kampf auf uns nehmen wollen. Der Erfolg hängt aber doch wesentlich von
den Eindrücken bei uns und anderen ab, die der Ursprung des Krieges
hervorruft; es ist wichtig, daß wir die Angegriffenen seien, und die gallische
Überhebung und Reizbarkeit wird uns dazu machen, wenn wir mit euro-
päischer Öffentlichkeit ... verkünden, daß wir den öffentlichen Drohungen
Frankreichs furchtlos entgegentreten."

Wie HEMPEL hervorhebt, muß man sich zunächst darüber im klaren sein,
daß diese rationale Erklärung nur mit einem sehr begrenzten Anspruch
auftritt. Es wird darin nicht erklärt, wieso Bismarck überhaupt der Gedanke
gekommen ist, den Text des empfangenen Telegramms zu redigieren und
zu publizieren. Daß ihm dieser Gedanke gekommen war, stellt in diesem
Kontext überhaupt keine Explanandum-Tatsache dar, sondern bildet einen
Bestandteil der Antecedensdaten. Die zu beantwortende Warum-Frage
lautet daher: Gegeben, daß BISMARCK eine solche Möglichkeit in den Sinn
kam — warum hat er diese Wahl getroffen? Die Antwort scheint einen
klassischen Modellfall für eine rationale Erklärung, der die einfachsten
Rationalitätskriterien erfüllt, zu bilden: BISMARCK standen mehrere Wege
offen (z. B. Veröffentlichung des Originaltextes; Veröffentlichung eines
redigierten Textes; überhaupt keine Veröffentlichung etc.). *Die gewählte
Alternative war die, welche nach seiner Meinung mit der größten subjektiven Wahrscheinlichkeit den gewünschten Effekt hatte.*

Trotzdem kann man sagen, daß die gegebene rationale Erklärung selbst
in diesem besonders günstig gelagerten Fall unvollständig ist. Tatsächlich
muß BISMARCK viel mehr Möglichkeiten erwogen haben, darunter eine
ganze Fülle von Veröffentlichungsmöglichkeiten des Telegrammtextes. Es
liegt nahe, auf einen solchen Einwand der Unvollständigkeit mit dem folgenden Kurzschlußargument zu reagieren: „Die Tatsache, daß BISMARCK
gerade diese Version des Telegramms veröffentlichte, zeigt, daß er diesen
Weg unter allen erwogenen Möglichkeiten für den geeignetsten hielt, mögen
diese erwogenen Alternativen nun auf die von ihm selbst sowie den Historikern angeführten Möglichkeiten beschränkt sein oder darüber hinaus-
reichen." Diese zweifellos plausible Reaktion hat einen Haken: Wir retten
zwar auf diese Weise die Rationalität von BISMARCKs Verhalten, aber wir

können nicht mehr behaupten, das frühere Schema (ERat) genau zur Anwendung gebracht zu haben; denn wir haben keine *vollständige* Beschreibung der Situation und daher auch nicht die Möglichkeit, eine strenge Aussage darüber zu machen, wie ein rational Handelnder in dieser Situation handeln würde. Von einem Kurzschlußargument sprechen wir deshalb, weil die Erfüllung der Allprämisse des Schemas (ERat) auf diese Weise aus der singulären Rationalitätsprämisse („BISMARCK war in dieser Situation ein rational Handelnder") und der Conclusio des erklärenden Argumentes abgeleitet wird. Man könnte daher auch sagen, daß die geschilderte mögliche Erwiderung auf den Unvollständigkeitseinwand die Erklärung in eine ex-post-facto-Erklärung verwandelt.

9.b Im Gegensatz zu den Beispielen aus der Physik ist es nicht möglich, mit größter Präzision — womöglich unter Verwendung quantitativer Parameter — die Bedingungen anzugeben, unter denen ein Individuum dem Modell des bewußt rationalen Handelns sehr nahe kommt. Stattdessen muß man sich mit einer, evtl. ziemlich vagen Umgrenzung begnügen, die solche Momente einschließt wie: Übersichtlichkeit der möglichen Handlungen, zwischen denen eine Entscheidung zu treffen ist, und ihrer Konsequenzen; relativ einfache Lösungsmöglichkeit des Entscheidungsproblems; hinreichendes Training und ausreichende Intelligenz des Handelnden für den Zweck des Findens einer Lösung; Fehlen innerer (emotionaler) und aus der äußeren Umgebung kommender störender Einflüsse, welche vernunftmäßige Überlegungen beeinträchtigen könnten. *Wenn in einer konkreten Situation alle diese Bedingungen erfüllt sind, könnten wir sagen, daß in dieser Situation das Modell des rationalen Handelns approximativ erfüllt sei.*

Man kann zweifellos Fälle aus der Geschichte und aus dem praktischen Leben finden, die das Modell bewußt-rationalen Handelns mit größerer Approximation erfüllen als das oben gegebene historische Beispiel. Dies wird z. B. immer dann so sein, wenn die zur Entscheidung führenden Überlegungen nicht erst aus einer Situation hervorgegangen sind, sondern wenn mehr oder weniger lange vor Verwirklichung der betreffenden Situation ein auskalkuliertes Projekt vorlag. Man denke dazu an jene Fälle, in denen ein General oder ein Admiral seine Truppen nach einem vorausberechneten strategischen Plan aufmarschieren bzw. manövrieren läßt — eine Methode vorauskalkulierter Kriegführung, die sich zu unserem Leidwesen nicht nur ins nukleare Zeitalter hinein erstreckt hat, sondern hier sogar auf eine Gesamtheit von wissenschaftlichen Aufgaben reduziert wird, die von mathematischen Spezialisten und Computern bewältigt werden. Bewußt-rationale Entscheidungen treffen wir in jeder modernen Wirtschaft, gleichgültig welcher Wirtschaftsverfassung, im Bereich unternehmerischer Planung an, wo streng rationale Entscheidungen zugunsten eines optimalen ökonomischen Verhaltens in einer gegebenen Situation mit bekannten Wahrscheinlichkeiten, Risiken, Verlust- und Gewinnmöglichkeiten gesucht werden.

Dasselbe gilt für jene Fälle, in denen ein Architekt oder ein Ingenieur eine optimale Lösung für ein Problem zu finden trachten, wobei alles relevante technische Wissen zur Verfügung steht, ebenso die Wahrscheinlichkeiten und Nützlichkeiten und vielleicht sogar das anzuwendende Rationalitätskriterium selbst.

Auch in den idealsten Fällen müssen wir bezüglich der zeitlichen Erstreckung der dispositionellen Eigenschaft der bewußten Rationalität vorsichtig sein. Dieses Merkmal sollte nicht als eine permanente, sondern als eine *auf einen Zeitpunkt* oder zumindest *auf ein kurzes Zeitintervall beschränkte Disposition* aufgefaßt werden. Kein Sterblicher erfüllt für die Dauer seines Lebens das Ideal leidenschaftsloser Vernunft. Wer zu gewissen Zeiten, bei günstigen psychologischen und milieumäßigen Bedingungen, streng rational handelt, kann unter anderen Umständen — bei physischer Behinderung, wie Schmerz und Übermüdung, starkem psychischem Druck, geistiger Überlastung — diese Rationalität vermissen lassen. *Rationalität ist keine permanente Disposition.*

9.c Sehr häufig sprechen wir selbst dann von einem zweckhaften Verhalten, wenn keine bewußte Überlegung und keine Abwägung der Mittel auf ihre Tauglichkeit zur Erreichung des gewünschten Effektes vorangegangen ist. DRAY ist, wie bereits erwähnt, der Auffassung, daß man das rationale Erklärungsmodell auch in dem Fall anwenden könne, wo es sich um eine blitzartige spontane Entscheidung handelte, weil es in diesem Fall eine Berechnung gibt, die der Entscheidung zugrunde gelegt werden könnte: jene Erwägung, die der Handelnde vorgenommen *hätte*, wenn ihm genügend Zeit zur Verfügung gestanden wäre, wenn er alle möglichen Konsequenzen vorher mit berücksichtigt hätte u. dgl. Gegen eine solche Interpretation lassen sich zwei entscheidende Einwände vorbringen. Zunächst einmal ist es nicht richtig, daß man beide Male unbedingt zu demselben Resultat gelangt. Hätte der Handelnde genügend Zeit gehabt, ohne Hinderung durch störende Einflüsse rationale Kalkulationen anzustellen, so würde in den meisten Fällen eine andere Entscheidung resultieren als die, welche er tatsächlich getroffen hat. Die Überlegung, „was geschehen wäre, wenn . . ." hat prinzipiell nur die Bedeutung *eines Gradmessers für das Maß an Rationalität und Irrationalität*, die in der spontanen Entscheidung zum Ausdruck kamen. Es *kann* sein, daß wir in beiden Fällen zu demselben Ergebnis gelangen. Die momentane Eingebung der handelnden Person hätte dann denselben Erkenntniswert gehabt wie die detaillierte Kalkulation; sie hätte sich aus *rationalem Instinkt* entschlossen, wie wir sagen könnten. Das Ergebnis *braucht* aber nicht dasselbe zu sein und es wird auch in den meisten Fällen nicht dasselbe sein. DRAY gleitet hier nämlich wieder von der deskriptiven in die normative Betrachtungsweise ab. Eine solche Deutung eines spontanen Entschlusses, *als ob* dieser Entschluß aus sorgfältig berechnenden Überlegungen resultiert wäre, liefert selbst unter der Voraussetzung, daß beides zur Deckung gelangt, keine *Erklärung* dieser Handlung, sondern eine *nachträgliche Rechtfertigung*. Zwar ist dies tatsächlich eine der üblichen Verwendungen von „Erklärung": Fordert man eine Person auf, zu erklären, warum sie das und das getan habe, so läuft dies häufig auf die Aufforderung hinaus, rechtfertigende Gründe für diese Handlung zu geben. Und soweit diese Bedeutung von „Erklärung" von einem Historiker zugrundegelegt wird, ist gegen eine derartige Als-ob-Betrachtung nichts einzuwenden. Nur dürfte man dabei nicht übersehen, daß der Historiker, soweit er sich auf solche Arten von „Erklärungen" einläßt, etwas anderes tut als was man von ihm als einem *Erfahrungs*wissenschaftler eigentlich erwartet: Gründe dafür anzugeben, warum eine historische Persönlichkeit so und so handelte, und nicht, für deren tatsächliches Handeln eine nachträgliche Rechtfertigung durch den Nachweis zu liefern, daß dieses Handeln im Einklang steht mit den Erfordernissen eines rationalen Handlungsmodells.

Wie wir bereits an früherer Stelle hervorhoben, kann man DRAY allerdings noch mehr zugestehen[72]. Man kann in gewissen Fällen von *unbewußt-rationalen Erklärungen* sprechen, wenn man diese als spezielle Fälle von *dispositionellen Erklärungen* auffaßt. Gemeint sind die Fälle von Erklärungen solcher Tätigkeiten, die der Handelnde in der konkreten Situation zwar spontan und ohne bewußte Kalkulation ausübt, die aber *auf einer erworbenen Disposition bestimmter Art* beruhen: Der zur Gewinnung dieser Disposition erforderliche *Lernprozeß* stützt sich wenigstens in den ersten Stadien auf *bewußte Erwägungen und Kalkulationen;* erst in den späteren Stadien kommt es zu einer *sukzessiven Automatisierung* dieses dispositionellen Verhaltens. Beispiele hierfür sind uns aus dem heutigen Alltag hinreichend bekannt. Man denke an einen Facharbeiter, der eine komplizierte Maschine bedient; an einen Chirurgen, der eine Augenoperation durchführt; oder bloß an jemanden, der sein Auto durch eine schwierige Verkehrssituation lenkt. Es wäre gänzlich fiktiv, wollte man solche Handlungen dadurch erklären, daß sie Ergebnisse komplizierter Reflexionen darstellen. Denn in diesen Fällen liegen mehr oder weniger unbewußte und automatisierte Tätigkeiten mit nur gelegentlich dazwischengeschalteten bewußt vollzogenen Überlegungen vor. Eine vollständige Erklärung solchen Verhaltens müßte in zwei Stadien erfolgen: Die Erklärung der betreffenden Handlung selbst wäre nichts weiter als ein Spezialfall einer gewöhnlichen *dispositionellen Erklärung*. Und die Erklärung für die *Erwerbung der Disposition* wäre vermutlich eine *genetische* Erklärung, deren erste Abschnitte mittels des rationalen Erklärungsmodells zu interpretieren wären.

Daß es noch eine andere Möglichkeit gibt, gewisse Handlungsweisen als *unbewußt-rationale* Tätigkeiten zu interpretieren, ist in einer interessanten

---

[72] Vgl. dazu auch C. G. HEMPEL, [Aspects], S. 484.

empirischen Studie von DAVIDSON, SUPPES und SIEGEL gezeigt worden[73]. In dieser Theorie werden objektive Methoden zur Messung *subjektiver Wahrscheinlichkeiten und subjektiver Nützlichkeiten* von Personen, die in scharf umrissenen einfachen Situationen Entscheidungen zu treffen haben, entwickelt. Diese subjektiven Wahrscheinlichkeiten und Nützlichkeiten werden auf theoretische Weise ermittelt und sind den beteiligten Personen *nicht* bekannt; sie fallen insbesondere nicht mit den in diesen Situationen auftretenden und teils bekannten objektiven Wahrscheinlichkeitswerten (z. B. von Münzwürfen) und objektiv meßbaren Geldwerten zusammen. Trotzdem handeln diese Personen rational relativ auf diese beiden subjektiven Faktoren. Dies ist ein merkwürdiges Resultat, da die betreffenden Personen die subjektiven Nützlichkeiten und Wahrscheinlichkeiten, die sie gar nicht kennen, offenbar nicht in ihre bewußten Überlegungen einbeziehen konnten. Von einem unbewußt-rationalen Handeln kann hier deshalb gesprochen werden, *weil sie so handeln, als ob sie versuchten, die erwarteten Nützlichkeiten zu maximieren.*

9.d Auf der anderen Seite darf nicht übersehen werden, daß die Fälle, in denen von unbewußt-rationalem Verhalten gesprochen werden kann, Grenzfälle oder Ausnahmen sind und daß der Begriff der Rationalität nicht überdehnt werden darf. Die rationale Erklärung stößt meist dort an eine Grenze, wo *unbewußte Motive* hinter einer Tätigkeit stehen. Hierbei setzen wir voraus, daß die Rede von unbewußten Motiven im Rahmen akzeptabler psychologischer Theorien einen Sinn ergibt. Sind solche Motive am Werk, so müssen wir, wenn von den Gründen eines Handelnden die Rede ist, eine dreifache Unterscheidung treffen: *Seine angeblichen* Gründe, *seine* ihm *bewußten* Gründe und *die wirklichen* Gründe seiner Handlung[74]. Das erste sind jene Gründe, die ein Handelnder auf Befragung angibt oder angeben würde. Da er anderen oder sich selbst „etwas vormachen" kann, brauchen dies nicht seine ehrlichen Gründe zu sein. Das zweite sind jene Gründe, die er angeben würde, wenn er vollkommen ehrlich wäre und keine Hemmungen hätte, das anzuführen oder sich selbst einzugestehen, was sich bei bewußter Reflexion auf seine Motive ergibt. Das dritte sind jene Gründe, die z. B. der Vertreter einer von der Wissenschaft akzeptierten tiefenpsychologischen Theorie, welcher auch die Technik der Anwendung dieser Theorie beherrscht, anführen würde, nachdem er die betreffende Person genau untersucht hat. Der Ausdruck „wirkliche Gründe" ist natürlich etwas irreführend, weil er relativ ist auf eine derartige Theorie, die, wie alle wissenschaftlichen Hypothesen, selbst bei bester Fundierung nicht gegen Revision gefeit ist.

---

[73] D. DAVIDSON, P. SUPPES und S. SIEGEL, [Decision Making].
[74] Eine analoge, allerdings nur zweifache Unterscheidung, findet sich bei R. S. PETERS, [Motivation], und P. GARDINER, [Historical Explanation], S. 136.

Bisher war stets nur von der Erklärung des Verhaltens *einzelner Individuen* die Rede. Wir stehen vor einer abermals neuen Situation, wenn wir Vorgänge erklären sollen, die durch das *kollektive Zusammenwirken* zahlreicher Personen zustandekamen. In den meisten nichttrivialen Fällen wird es sich dabei um Vorgänge handeln, die von keinem der Beteiligten in dieser Form gewollt waren. Es wäre jedoch fehlerhaft, daraus allein bereits auf die Irrationalität des Verhaltens aller oder einiger der Beteiligten zu schließen. Vielmehr müssen wir zwei Klassen von Fällen unterscheiden. Fälle der ersten Klasse liegen vor, wenn alle an dem Prozeß beteiligten Individuen sich in einem genau charakterisierbaren Sinn rational verhalten haben und trotzdem daraus *ein Zustand resultierte, der von keinem einzigen geplant war.*

Das vielleicht eindrucksvollste Modell für diesen Fall bietet die Theorie des Marktmechanismus in einer freien Verkehrswirtschaft. Wenn man voraussetzt, daß die idealisierten Bedingungen, von denen diese Theorie ausgeht — darunter insbesondere das streng ökonomisch-rationale Verhalten aller beteiligten Wirtschaftssubjekte —, approximativ erfüllt sind, so tendiert das Wirtschaftsgeschehen zu einem Gleichgewichtszustand, in dem die Produktivkräfte in einer bestimmten Weise verteilt, die Preisrelationen zwischen den Güterarten und die Einkommensrelationen zwischen den Berufsgruppen fixiert sind, das Verhältnis von Spar- und Investitionstätigkeit ausgeglichen ist usw., kurzum es resultiert ein gesamtwirtschaftlicher Zustand, der so aussieht, *als ob* er von einer zentralen Stelle geplant worden sei, obwohl keine solche Stelle existiert, sondern nur zahlreiche, voneinander gänzlich unabhängig planende Unternehmer, Arbeiter und Konsumenten. Die oft gebrauchte Bezeichnung „Wirtschaftsmechanismus" hierfür ist irreführend. Denn tatsächlich handelt es sich um ein *System mit Selbstregulation,* dessen atomare Faktoren nicht physikalisch-chemische Prozesse sind, sondern Entscheidungen und Handlungen rationaler Wirtschaftssubjekte. Auch haben wir es hier nicht mit einem Spezialfall des oben erwähnten unbewußt-rationalen Verhaltens zu tun. Vielmehr handeln alle beteiligten Personen bewußt zweckrational, jedoch nicht aus einem überindividuellen „gesamtwirtschaftlichen" Interesse, sondern allein geleitet von dem Bestreben nach Maximalisierung des *persönlichen* Nutzens. Soweit auf die Beschreibung ökonomischer Zusammenhänge und auf die Erklärung ökonomischer Einzelphänomene die sogenannte *Mikro-Analyse* zur Anwendung gelangt und der Theoretiker sich nicht auf die Schilderung *makro-ökonomischer* Zusammenhänge beschränkt, fallen somit auch derartige Vorgänge unter das rationale Erklärungsschema. Wegen des sehr eng umgrenzten Rationalitätsbegriffs — gewisse Verhaltensweisen würden zwar auf Grund bestimmter Kriterien als rational, jedoch zugleich als *ökonomisch irrational* gelten — wird allerdings in den meisten praktischen Anwendungen nur eine approximative Erfüllung dieses Schemas möglich sein.

Davon zu unterscheiden ist eine zweite Klasse von Fällen. Bei den meisten Erklärungen kollektiven Verhaltens wird nämlich das rationale Erklärungsschema versagen. Die Tätigkeiten der beteiligten Personen werden ganz oder teilweise irrationale Züge aufweisen. Die zu erklärenden Handlungen werden z. B. aus spontan auftretenden emotionalen Triebkräften resultieren oder es werden ihnen solche motivierenden Faktoren zugrundeliegen, deren sich die Handelnden nicht bewußt sind. Die rationale Erklärung hat dann einer anderen, z. B. einer solchen, die von massenpsychologischen Gesetzmäßigkeiten Gebrauch macht, zu weichen. Ein interessanter Grenzfall ist der, wo es ein bewußt und rational kalkulierender Diktator oder Volksaufwiegler versteht, die Massen zu irrationalem, aber in seinem Gesamteffekt genau vorausberechnetem Verhalten hinzureißen, indem er durch geschickte Wahl der Worte die Kritikfähigkeit herabsetzt, unbewußte Motive anspricht und bestimmte von ihm gewünschte Emotionen erzeugt. Dafür, wie durch solche rational kalkulierte sprachliche Tätigkeit sogar eine anfängliche Stimmung im Volk ins Gegenteil verkehrt werden und zu einem Ablauf der historischen Ereignisse führen kann, die ohne diese Tätigkeit nicht zu erwarten gewesen wäre, hat SHAKESPEARE in seinem „Julius Cäsar" mit der Grabrede des Marcus Antonius ein unübertreffliches literarisches Beispiel gesetzt. Für die Erklärung des Verhaltens der Massen versagt die rationale Erklärung vollkommen. Aber auch auf die Tätigkeit des kalkulierenden Aufwieglers ist das Modell des bewußt rationalen Verhaltens nur in begrenzter Weise anwendbar und zwar aus demselben Grund wie in dem früher geschilderten Bismarck-Beispiel; denn wir verfügen über keine vollständige Beschreibung der Situation und daher auch über keine vollständige Erklärungsmöglichkeit dafür, warum z. B. diese und nicht eine andere Wort- und Satzwahl getroffen worden ist.

9.e Im Jahre 1957 ist der damalige Präsident der amerikanischen „Historical Association" W. L. LANGER in einer leidenschaftlichen Rede dafür eingetreten, für die Zwecke historischer Erklärungen in Zukunft in viel stärkerem Maße als bisher Gebrauch zu machen von Ideen der Psychoanalyse und verwandter tiefenpsychologischer Theorien[75]. Historiker betrachten sich nach LANGER als echte Schüler von THUKYDIDES und damit gewohnheitsmäßig zu Unrecht als Psychologen von eigenen Gnaden. Vom Standpunkt der modernen Tiefenpsychologie aus betrachtet, müßten die hausbackenen psychologischen Common-sense-Interpretationen selbst der größten Historiker der Vergangenheit als beträchtlich inadäquat erscheinen. Die Angst davor, daß die „humanistische Beurteilung" von Persönlichkeiten durch Anwendung eines „kalt ergründenden Kalküls" unwiderruflich verlorengehen werde, mag einer der Gründe dafür sein, warum die Historiker den eisernen Vorhang zwischen ihrer Disziplin und der dynamischen Psychologie gutheißen.

---

[75] W. L. LANGER, [Assignment].

Zum Teil werden auch sachliche Argumente vorgebracht, die LANGER aber nicht für überzeugend hält. Dazu gehöre etwa das Argument, daß die von manchen Psychoanalytikern für erforderlich gehaltenen Daten aus der frühesten Kindheit der historischen Persönlichkeit nicht zur Verfügung stehen. Dem stehe in der Regel als positives Faktum die Tatsache gegenüber, daß wir oftmals über eine beträchtliche Informationsbasis über den ganzen familiären Hintergrund historischer Persönlichkeiten verfügten und den ganzen Ablauf ihres Lebensschicksales zu überblicken vermöchten — ganz abgesehen davon, daß die erwähnten Daten über die frühesten Kinheitserfahrungen heute nicht mehr als so wichtig angesehen werden, wie von den ersten Vertretern dieser neuen psychologischen Richtung.

Ernster zu nehmen wäre der Einwand, daß die fraglichen Theorien zum Teil noch einen zu rudimentären und spekulativen Anstrich haben. Auch viele Psychologen werden es nicht leugnen, daß die psychoanalytische Praxis der Theorie weit voraus ist und daß tiefenpsychologische Theorien und Deutungen noch nicht die Minimalforderungen erfüllen, die man an adäquate dispositionelle wissenschaftliche Erklärungen stellen muß. Trotzdem sollte man die programmatischen Erklärungen LANGERs ernst nehmen. Denn die Tatsache, daß eine bestimmte systematische Wissenschaft noch nicht zu jener Perfektion entwickelt wurde, die in den theoretischen Naturwissenschaften bereits weitgehend erreicht ist, sollte einen weder daran hindern, die bereits erzielten Erkenntnisse für die Zwecke von historischen Erklärungen aus „unbewußten Motiven" nutzbar zu machen, noch die skeptische Einstellung fördern, daß auf diesem psychologischen Gebiete doch keine derartige Weiterentwicklung erfolgen werde, die es uns einmal in Zukunft ermöglichen könnte, geschichtliche Vorgänge in einem ganz neuen Licht zu sehen.

LANGER bringt ein interessantes, wenn auch recht düsteres Beispiel dafür, wie eine Kultur oder Gesellschaft von einem durch Naturkatastrophen erzeugten *Trauma* beherrscht sein kann, das für die Erklärung zahlloser Erscheinungen und Vorgänge von Relevanz ist: *die mittelalterlichen Seuchen.* Dieses Beispiel hat einen *naturwissenschaftlichen*, einen *ökonomisch-soziologischen* wie *medizinischen* und einen *psychologischen Aspekt.* Die bisherige Literatur konzentrierte sich meist auf den zweiten Aspekt: *die Auswirkungen auf Wirtschaft und Bevölkerung.* Der — in diesem Zusammenhang weniger interessante — naturwissenschaftliche Aspekt betrifft die Erklärung für dieses merkwürdige Phänomen: Nach fast 800 Jahren Freiheit von ernsthaften Seuchen brach im 14. Jhd. mit der Pest die größte Naturkatastrophe über Europa herein, die diesen Erdteil jemals befallen hat. Auf diesen ersten Ausbruch der Beulenpest erfolgten durch Jahrhunderte hindurch immer wiederkehrende schwere Epidemien, die ganze Landstriche fast ausrotteten: neben dem Schwarzen Tod Krankheiten wie Typhus, Grippe, Syphilis. Als Ursache für die Pestepidemien wird neben dem Wachstum der Städte mit den unzulänglichen sanitären Anlagen vor allem ein biologisches Faktum angeführt: die Einschleppung der schwarzen Ratte in Europa im 12. und 13. Jhd. Ebenso werden als Erklärung für das plötzliche Verschwinden nach dem letzten heftigen Ausbruch in Marseille im Jahr 1720 Naturtatsachen herangezogen: Eine Virenerkrankung von Ratten, die Verdrängung der schwarzen Ratte durch die weit weniger domestizierte braune Ratte, und der erhebliche Rückgang der Reproduktionsrate der Rattenlaus, welche Träger des Pestbazillus war, infolge eines zunehmend härter werdenden europäischen Klimas[76].

In unserem Zusammenhang aber ist der psychologische Effekt von Interesse. Er betrifft die seelischen Auswirkungen, welche diese für die Menschen Europas so entsetzlichen Ereignisse hatten, und die weiteren Folgen dieser seelischen Erschütterung. Ähnliche Erschütterungen wurden durch Katastrophen anderer Art, wie Erdbeben, Hungersnöte, Kriege erzeugt. Hier stoßen wir auf ein weites Feld potientieller psychologischer Forschung. Nach LANGER existiert bisher keine vollständige Schilderung der seelischen Krisen, die durch jenen enormen Verlust an Leben und durch das Bewußtsein bevorstehenden Unheils entstanden. Erst recht fehlt eine adäquate Erklärung für die ungewöhnlichen psychischen Triebkräfte, die dadurch ausgelöst wurden und für deren Erklärung unsere alltagspsychologischen Vorstellungen bei weitem nicht ausreichen. Zwar sind die ökonomischen Auswirkungen genauer untersucht worden (wie das abrupte Ende des phänomenalen wirtschaftlichen Fortschrittes in Europa im 13. Jhd. und die darauf folgende jahrhundertelange Depressionsperiode; die Änderung der Wirtschaftsstruktur durch die Massenflucht aus Städten und Dörfern); ferner hat man die sozialen Auswirkungen (wie gelegentliche völlige Demoralisierung, Überhandnehmen der Kriminalität und Zusammenbruch aller sozialen Ordnung) mit großer Genauigkeit geschildert; ebenso die Auswirkungen auf die Situation der Kirchen (wie die starke Vergrößerung des Kirchenvermögens durch fromme Hinterlassenschaften oder das Eindringen zweifelhafter Elemente in die durch den Tod von hohen Würdenträgern freigewordenen Stellen). Doch all dies „reflektiere" bloß die zugrundeliegenden ungewöhnlichen Kräfte, ohne sie zu erklären.

Für die Ungewöhnlichkeit dieser Kräfte hätten wir viele direkte Symptome: die morbide Vorliebe für den Tod; das makabre Interesse für Gräber und Leichen; die brutal-realistischen Schilderungen des Jüngsten Gerichtes und der Höllenstrafen; die Beliebtheit des Totentanzmotivs in Gemälden und Holzschnitzereien und anderes mehr. Für die Erklärung dessen, was damals vor sich ging, müssen vermutlich zahlreiche Faktoren herangezogen werden. Einer dieser Faktoren ist z. B. das in jedem Menschen schlummernde und für alle Religionen charakteristische Sündenbewußtsein, das durch jene unkontrollierbaren Kräfte, welche die Existenz eines jeden bedrohten,

---

[76] Vgl. H. ZINSSER, [Rats].

hochgepeitscht wurde. Seit S. Freuds „Totem und Tabu" gibt es zahlreiche Erklärungsversuche dafür, wie drohendes Unheil und bevorstehender Tod emotionale Massenerregungen und gemeinsames Schuldgefühl hervorrufen.

Das späte Mittelalter war nicht nur eine Zeit allgemeiner religiöser Erregung, in dem Krankheiten als Ausdruck göttlichen Zornes gegen sündhafte Geschöpfe gedeutet wurden, sondern auch eine Zeit ungewöhnlicher Unmoral und entarteten Lebens. Der Psychologe wird dafür vielleicht die Erklärung geben, daß hier eine Unterdrückung unerträglicher Gefühle und eine künstliche Akzentuierung der entgegengesetzten Gefühle vorliegt, die dann von einem Handeln gefolgt sind, als seien die künstlich erregten die wahren Gefühle. Auch das zunehmende Interesse an Zauberei, Astrologie, Magie sowie die irrsinnige Suche nach Sündenböcken, die teils in Judenpogromen, teils in Hexenverfolgungen ausartete, wird der moderne Psychologe als normale Reaktion der Menschen jener Zeit auf die Leiden ansehen, denen sie ausgesetzt waren. Ebenso kann der Prozeß der Übertragung und Vergrößerung der Angst von Generation zu Generation psychologisch plausibel gemacht werden: Kinder, welche den Schrecken ihrer Eltern und die Panik ihrer Gemeinschaft in früheren Jahren erlebten, werden auf ähnliche Krisen in analoger und verstärkter Weise reagieren. Gleichermaßen gibt es psychologische Erklärungsversuche dafür, daß Menschen, die unerklärlichen bedrohlichen Mächten ausgesetzt sind, in infantile Vorstellungsweisen verfallen und in Magie flüchten, um die erzürnte Gottheit zu besänftigen.

All dies sind bloß ungefähre Andeutungen, die letztlich auf umfassendere Themen hinweisen, wie etwa die Wurzeln der Religion, der Magie, des Sündenbewußtseins. Systematische wissenschaftliche Erkenntnis auf diesen und verwandten Gebieten können daher für historische Erklärungen von Phänomenen der geschilderten Art von größter Relevanz werden. Neuere geschichtliche Erscheinungen, die für uns alle von größerer Aktualität sind und für die vermutlich ebenfalls psychologische Erklärungen von *nicht* hausbackener Art herangezogen werden müssen, bilden der moderne Imperialismus, der Nationalismus, der Totalitarismus.

Diese Bemerkungen sind nicht so zu verstehen, als sollte damit indirekt eine Lanze für die Psychoanalyse gebrochen werden. Vielmehr sollten sie einerseits als Warntafel dienen, nämlich die Reichweite rationaler Erklärungen nicht zu überschätzen, andererseits dazu, die prinzipielle Bedeutung theoretisch-psychologischer Erkenntnisse für die Erklärung von Vorgängen in der menschlichen und damit in der geschichtlichen Sphäre aus nichtrationalen Motiven anzuerkennen, gleichgültig welcher speziellen Richtung diese psychologischen Erkenntnisse auch immer entstammen mögen. Der eiserne Vorhang zwischen Geschichtswissenschaft und Psychologie sollte fallen. Nach Langer müssen wir zugeben, daß es noch zahlreiche unausgeschöpfte Möglichkeiten gibt, unser Verständnis der Vergangenheit zu erweitern, und daß es zur Verantwortung des Historikers gehört, keine dieser Möglichkeiten unerforscht zu lassen[77].

―――――

Abschließend müssen wir feststellen, daß die logische Durchdringung des Phänomens der historischen Erklärung sich als weit schwieriger erwies, als man zunächst erwarten konnte. Dies beruht zwar nicht auf der Richtigkeit der Drayschen These von der Unanwendbarkeit des H-O-Schemas auf den historischen Fall. Vielmehr ergab sich in dieser Hinsicht gerade die Richtigkeit der Hempelschen Auffassung. Die Schwierigkeit liegt vielmehr in der Verflechtung dieses Problems mit zahlreichen anderen teils wissenschaftstheoretischen, teils einzelwissenschaftlichen Fragen, für die bis heute nur teilweise eine befriedigende Antwort gefunden worden ist. Zu diesen anderen Problemen gehören: das Problem der Unterscheidung zwischen analytischen und synthetischen Sätzen; das Problem der Dispositionsprädikate und theoretischen Begriffe und deren Rolle innerhalb wissenschaftlicher Erklärungen; die Frage der Verwendbarkeit und Überprüfbarkeit von Apriori-Hypothesen; die Unterscheidung zwischen den verschiedenen normativen und deskriptiven Rationalitätsbegriffen; die verschiedenen Formen unvollständiger Erklärungsskizzen, die zum gegenwärtigen Zeitpunkt mangels Kenntnis der zugrundeliegenden Regularitäten nicht zu vollständigen Erklärungen zu erweitern sind; sowie, last not least, das zuletzt angedeutete Problem einer Theorie des Unbewußten und ihrer Anwendbarkeit auf historische Phänomene.

Hingegen hat sich der bei den ersten Auseinandersetzungen mit der Hempelschen Auffassung von vielen Autoren als zentral empfundene Streit darüber, ob der Historiker immer Gesetze verwenden muß, als nicht so wichtig erwiesen. Das Suchen nach Vernunftgründen, auf deren Basis ein bestimmtes Phänomen zu erwarten ist, stellt ein mit der Kausalanalyse gleichberechtigtes Bestreben wissenschaftlicher Forschung dar. Faßt man den Erklärungsbegriff so weit, daß er beide Arten von Fällen deckt, so sind für erklärende Argumente nicht unbedingt Gesetzesprämissen erforderlich und zwar weder für naturwissenschaftliche noch für historische Erklärungen. Für die letzteren wird eine solche erweiterte Fassung des Erklärungsbegriffs einigen Autoren als viel natürlicher erscheinen denn für die ersteren. Eine weitere Diskussion darüber dürfte aber müßig sein; de gustibus non est disputandum.

―――――

[77] W. L. LANGER, a. a. O., S. 303. Insbesondere auf S. 295 ff. finden sich dort weitere Hinweise und außerordentlich zahlreiche Literaturangaben.

Anhang
Verstehendes Erklären
Zur Theorie von G. H. von Wright

1. Cognitive Science und Verstehen

In bezug auf das Thema *Verstehen* wurden seit dem Erscheinen der 1. Auflage verschiedene Annäherungsversuche zwischen den Hermeneutikern, welche an der Eigenart des Verstehens als einer Erkenntnisweise sui generis festhalten, und Vertretern einer mehr analytisch orientierten Philosophie unternommen. Dieser Prozeß verlief auf zwei verschiedenen Ebenen.

In den letzten Jahren hat sich eine neue Forschungsrichtung, man könnte fast sagen: eine neue wissenschaftliche Disziplin entwickelt, genannt *Cognitive Science*. Hier arbeiten Forscher der verschiedensten Richtungen: Philosophen, Psychologen und Vertreter geisteswissenschaftlicher wie naturwissenschaftlicher Fächer zusammen. Zwar ist dadurch weder die von den älteren Hermeneutikern vertretene Auffassung bestätigt worden, daß das geisteswissenschaftliche Verstehen solche Komponenten wie „Einfühlung" oder „Übertragung" enthält, noch die allgemeiner gehaltene These, daß geisteswissenschaftliches Verstehen von anderen Formen wissenschaftlichen Verstehens grundsätzlich verschieden sei. Hingegen hat es sich als richtig erwiesen, daß Verstehen *ein kognitiver Akt sui generis* ist, der sich nicht auf sog. propositionale Akte zurückführen läßt, insbesondere nicht auf die verschiedenen Arten von *wissen, daß* und *wissen, wie*. Die Auffassung, daß eine derartige Reduktionsmöglichkeit bestehe, herrschte in der analytischen Philosophie lange Zeit vor, so daß bis vor kurzem keine genaueren Untersuchungen über die Natur des Verstehens angestellt wurden, was sich im nachhinein als ein Mangel erweist.

(Vgl. zu diesem Thema die Arbeit von MORAVCSIK, [Understanding], sowie das Buch von DENNETT, [Brainstorms], welches einige hervorragende Einblicke in den derzeitigen Diskussionsstand der Cognitive Science vermittelt.)

2. Zwei Traditionen
der Erklärung menschlichen Verhaltens

Im gegenwärtigen Kontext ist für uns jedoch etwas anderes von Interesse, nämlich der neuartige Zugang zum Verhältnis von *Verstehen* und *Erklären* von

G. H. von Wright. Zwei Faktoren erschweren eine präzise Darstellung seiner Auffassung auf knappem Raum. Erstens sind seine Gedanken zu dem Thema noch nicht zu einer abgerundeten und übersichtlichen Theorie ausgearbeitet worden; vielmehr zeichnet sich eine solche Theorie erst in Umrissen ab. Zweitens sind von Wrights Ausführungen zu dem uns interessierenden Thema eingebettet in einen viel umfassenderen Rahmen, nämlich eine in Entstehung befindliche *Theorie vom Menschen und seiner Stellung in der Welt.* Darin wird u. a. behandelt: eine neuartige, gelegentlich als *interventionistisch* bezeichnete *Theorie über die Natur der Kausalität,* innerhalb welcher der menschliche Eingriff in das Naturgeschehen im Vordergrund steht; eine Analyse der Natur *sozialer Institutionen und Regeln* sowie *gesellschaftlicher Rollen;* der Begriff des *normativen Druckes* und eine *Doppeldeutigkeit von „menschliche Unfreiheit";* das Phänomen der *Internalisierung externer Faktoren;* Betrachtungen zum Begriff der *Person;* eine Analyse des *Unterschiedes zwischen ökonomischen Gesetzen und Naturgesetzen;* eine *kybernetische Deutung der Dialektik* im Sinn von Hegel und Marx als negatives Feedback. Es ist natürlich unmöglich, alle diese Themen hier zur Sprache zu bringen. Wir müssen somit versuchen, von Wrights Ideen zu unserem Thema *so weit wie möglich* zu isolieren. (Eine Einführung in das philosophische Gesamtkonzept bei von Wright habe ich zu geben versucht in [Gegenwartsphilosophie II], S. 103—147; die im vorliegenden Anhang ausgeklammerten Themen werden dort insbesondere auf S. 122—133 und S. 140—147 behandelt.) Die erstgenannte Schwierigkeit werden wir dadurch zu bewältigen versuchen, daß wir von Wrights Auffassung im Lichte gegen ihn erhobener kritischer Stellungnahmen zu rekonstruieren versuchen.

Den Ausgangspunkt seiner Überlegungen bildet für von Wright eine historische Feststellung: In der Frage der Erklärung menschlichen Handelns existieren zwei grundverschiedene Geistesströmungen. Die eine nennt er die *Galileische Tradition,* aus der sich schließlich das Subsumtionsmodell der Erklärung und das H-O-Schema der wissenschaftlichen Erklärung herausbildete. Für die Galileische Tradition steht die Suche nach *allgemeinen Gesetzen* im Vordergrund sowie die Verwendung dieser Gesetze für Erklärungen und Voraussagen. Auch menschliche Verhaltensweisen können nach dieser Tradition nur so erklärt werden, daß man sie unter allgemeine Gesetze des Verhaltens subsumiert.

Die zweite Geistesströmung ist die *Aristotelische Tradition.* Sie kehrt den zweckhaften Charakter des menschlichen Verhaltens hervor und vertritt die Auffassung, daß die Wissenschaften vom Menschen *teleologische Erklärungen* statt kausaler Erklärungen liefern müßten.

Von Wright knüpft an die zweite Tradition an, da nach seiner Überzeugung das aus der ersten Denkrichtung hervorgegangene Erklärungsmodell in den Wissenschaften vom Menschen zwar nicht immer, aber doch meistens versagt.

3. Menschliches Verhalten, menschliches Handeln und die Relativität von Intentionen auf Beschreibungen

Ein großer methodischer Vorteil der Theorie VON WRIGHTs liegt darin, daß er an eine, von ihm selbst gelieferte präzise Fassung des innerhalb der zweiten Geistesströmung entwickelten Erklärungsmodells anknüpft. Dies erleichtert sowohl den Vergleich mit dem Subsumtionsmodell als auch die kritische Diskussion, die damit auf ein für Vertreter der analytischen Philosophie akzeptables Niveau an Genauigkeit gehoben werden kann. Und zwar legt VON WRIGHT seiner Analyse ein *Gegenmodell* zum Endstadium der Entwicklung innerhalb der Galileischen Tradition, nämlich zum H-O-Schema, zugrunde. Dieses Gegenmodell ist der *praktische Syllogismus* (*PS*) bzw. genauer: das aus diesem durch Verbesserungen hervorgegangene *intentionalistische Erklärungs-schema* (*IE*). Als Vorbereitung zur Schilderung dieses Themas muß einiges zu den Begriffen „menschliches Handeln" und „Intentionen menschlichen Handelns" gesagt werden.

Die beiden Ausdrücke „(menschliche) Tätigkeit" und „(menschliches) Verhalten" werden bei VON WRIGHT im alltäglichen, vorexplikativen Sinn verwendet. Demgegenüber bildet der Gedanke des Handelns einen erst zu präzisierenden Begriff. Es werden nur solche menschlichen Verhaltensweisen untersucht, die einen *inneren Aspekt* haben, d. h. mit denen eine *Intention* verknüpft ist. Dieselben Verhaltensweisen haben verschiedene, in einer behavioristischen Sprache beschreibbare *äußere Aspekte*. Ein unmittelbarer äußerer Aspekt z. B. besteht in einer Muskeltätigkeit, ein entfernterer in gewissen, durch diese Muskeltätigkeit hervorgebrachten Ereignissen.

Für den Begriff des Handelns sind vor allem zwei Dinge von besonderer Wichtigkeit. Wir beginnen mit dem schwierigeren Punkt und erläutern ihn durch ein Beispiel:

(1) Jeder Handlung liegt eine ganz bestimmte Intention zugrunde. Die Ermittlung der Intention eines Handelnden ist in einem genau präzisierbaren Sinn keine rein empirische Angelegenheit. VON WRIGHT übernimmt hier den Gedanken von ELIZABETH ANSCOMBE, daß Intentionen *auf eine Beschreibung zu relativieren* sind. Damit sind *korrekte* Beschreibungen gemeint. Ein und die-selbe menschliche Tätigkeit kann auf verschiedene Weise zutreffend beschrie-ben werden, und zwar so, daß je nachdem, welche dieser unterschiedlichen Beschreibungen man auswählt, die fragliche Person verschiedene Intentionen hat. Da mit einer Änderung der Intention auch das Handeln ein anderes wird, bedeutet dies nichts geringeres als *daß ein und dasselbe komplexe menschliche Verhalten als Handeln verschiedener Art aufgefaßt werden kann und zwar in durchaus zutreffender Weise.*

Folgendes einfaches Beispiel möge dies illustrieren: Eine Person *Y* öffnet ein Fenster. Auf dieses Verhalten von *Y* können drei Beschreibungen zutreffen:

(a) *Y bewegte den Fenstergriff.*
Als Folge davon öffnete sich das Fenster und der Raum kühlte sich ab.

(b) *Y öffnete* mittels Bewegung des Fenstergriffes *das Fenster.* Als Folge davon kühlte sich der Raum ab.

(c) *Y führte eine Abkühlung der Zimmertemperatur herbei,* und zwar dadurch, daß er das Fenster öffnete, was er seinerseits dadurch bewirkte, daß er den Fenstergriff bewegte.

Die Gegenstände dieser drei Beschreibungen bilden *drei verschiedene Handlungen:* die Bewegung des Fenstergriffes; die Öffnung des Fensters; die Abkühlung des Raumes. Entsprechend haben wir es mit *drei verschiedenen Intentionen* zu tun; denn das jeweilige intentionale Objekt ist identisch mit den drei im vorigen Satz angegebenen Handlungsergebnissen. Kürzen wir das intentionale Objekt durch I und die Beschreibung durch B ab, so können wir behaupten: Die einer Person zugeschriebene Handlung ist stets für ein bestimmtes I und ein bestimmtes B *I-intentional bezüglich der Beschreibung B.* Den entscheidenden Gesichtspunkt bildet dabei die Tatsache, daß ein und dasselbe Gesamtverhalten durch voneinander verschiedene Beschreibungen dieser Art zutreffend charakterisiert werden kann. Wenn wir z. B. die drei Intentionen unseres Beispieles I_1, I_2 und I_3 nennen, so ist die erste Handlung von Y I_1-intentional bezüglich der Beschreibung (a), die zweite Handlung I_2-intentional bezüglich der Beschreibung (b) und die dritte Handlung I_3-intentional bezüglich der Beschreibung (c).

Die Feststellung, daß man das *eine* Verhalten des Y *korrekt* als drei verschiedene Handlungsweisen mit drei verschiedenen Intentionen beschreiben kann, ist natürlich keine logische, sondern eine empirische Wahrheit: Wir haben unser Beispiel eben so konstruiert, daß sich alle drei Beschreibungen (a) bis (c) als richtig erweisen. Gegenbeispiele zeigen, daß in dieser Folge von drei Aussagen jeweils eine vorangehende richtig und die darauf folgende falsch sein kann. Y könnte z. B. den Fenstergriff bewegt haben, um herauszubekommen, ob er noch immer klemmt oder inzwischen repariert worden ist; dann wäre (a) richtig, (b) und (c) hingegen wären falsch. Oder Y könnte das Fenster geöffnet haben, um aus einem ganz bestimmten Grund einen besseren Überblick darüber zu bekommen, was vor seinem Haus gerade passiert; dann wären (a) und (b) richtig, (c) dagegen wäre falsch.

Da diese Unterschiede bereits bei dem von uns zugrunde gelegten, außerordentlich einfachen Sachverhalt auftreten, dürfte es klar geworden sein, daß es bei komplexeren menschlichen Tätigkeiten schwierig werden kann, die für einen vorgegebenen epistemischen Zweck optimale oder adäquateste Schilderung der Tätigkeit *als Handlung* und damit die geeignetste *Zuschreibung der entsprechenden Intention* zu finden. Die endgültige Wahl wird von Adäquatheitsbetrachtungen abhängen, in die logische Überlegungen ebenso Eingang finden müssen wie empirische Befunde.

(2) Innerhalb der Diskussion der drei Handlungsbeschreibungen haben wir in (1) ganz informell die Wendung „Handlungsergebnis" benützt. Von Wright führt aus Präzisierungsgründen diesen Begriff genau ein und unterscheidet scharf zwischen Ergebnissen (Resultaten) und Folgen von Handlungen. Was als Ergebnis einer Handlung aufzufassen ist, bildet eine rein logische Frage; was die Handlung für Folgen hat, ist hingegen ein empirisches Problem. Ein individuelles Ereignis *e* wird nämlich von ihm genau dann als Ergebnis der Handlung *h* einer Person bezeichnet, wenn *e* eine *logisch notwendige Bedingung* dafür ist, daß man behaupten kann, die Person habe die Handlung *h* vollzogen. Ergebnisse der drei in unseren obigen Beispielen beschriebenen Handlungen sind: in (*a*) eine veränderte Stellung des Fenstergriffes; in (*b*) das offene Fenster; in (*c*) das Absinken der Raumtemperatur. Die von den Ergebnissen einer Handlung verschiedenen Komponenten des äußeren Aspektes einer Handlung werden zweifach unterteilt: diejenigen, welche zeitlich vor dem Ergebnis der Handlung *h* liegen, werden *kausale Antezedentien* dieses Ergebnisses von *h* genannt; diejenigen hingegen, die zeitlich später liegen als das Ergebnis, heißen *Wirkungen* oder *Folgen* der Handlung *h*. In den Beschreibungen (*a*) bis (*c*) haben wir dieser terminologischen Festsetzung in bezug auf das Wort „Folge" bereits Rechnung getragen: Die Öffnung des Fensters ist eine Folge der Handlung (*a*), dagegen ein Ergebnis der Handlung (*b*); analog ist die Senkung der Zimmertemperatur eine Folge der Handlung (*b*) (und bei den gegebenen Umständen natürlich auch der Handlung (*a*)), dagegen ein Ergebnis der Handlung (*c*).

4. Der praktische Syllogismus

Unter dem auf Aristoteles zurückgehenden praktischen Syllogismus, abgekürzt: *PS*, versteht man eine Erklärung einer menschlichen Handlung von solcher Art, daß dabei auf die Ziele und die für die Zielerreichung erforderlichen Mittel der fraglichen Person Bezug genommen wird. Um das Schema dieses Schlusses möglichst durchsichtig zu machen, gehen wir von der vereinfachenden Annahme aus, daß eine Person ein bestimmtes Ziel erreichen möchte und daß sie davon überzeugt ist, dieses Ziel nur dadurch erreichen zu können, daß sie etwas ganz Bestimmtes tut. Wir erhalten dann die folgende einfache Variante des praktischen Syllogismus:

(*PS*) (1) *Y* intendiert, *p* zu verwirklichen;
      (2) *Y* ist davon überzeugt, daß er *p* nur dadurch herbeiführen kann, daß er *q* tut;
      (3) Daher schickt sich *Y* an, *q* zu verwirklichen.

Von Wright vergleicht diesen Ansatz mit dem *kausalistischen Schlußschema*, abgekürzt: *KS*, nach welchem die Erklärung der Handlung von *Y* die folgende

Gestalt hat:

(KS) (1*) Y intendiert, p zu verwirklichen;

(2*) Y ist davon überzeugt, daß er p nur dadurch herbeiführen kann, daß er q tut;

(3*) Wenn immer jemand p intendiert und glaubt, daß q für p kausal notwendig ist, dann schickt er sich an, q zu verwirklichen;

(4*) Daher schickt sich Y an, q zu verwirklichen.

Die beiden Argumente stimmen in den ersten beiden Prämissen sowie in der Conclusio miteinander überein. KS enthält außerdem als zusätzliche Prämisse die generelle gesetzesartige Aussage (3*). Da die Notwendigkeit, eine derartige Prämisse verwenden zu müssen, erstmals von C. J. DUCASSE hervorgehoben worden ist, soll (3*) auch als *Ducasse-Satz* bezeichnet werden. (Unsere spätere Analyse in VIII, 3 wird ebenfalls von einem Ducasse-Satz Gebrauch machen.) (KS) ist so konstruiert, daß die Erklärungen menschlicher Handlungen zu Spezialfällen des Subsumtionsmodells bzw. des *H-O*-Schemas werden.

Anmerkung. Um zu vermeiden, daß beim Leser eine terminologische Konfusion erzeugt wird, sei nachdrücklich darauf hingewiesen, daß der Ausdruck „Kausalismus" bei VON WRIGHT eine vollkommen andere Bedeutung hat als in den übrigen neu hinzugekommenen Teilen dieses Buches, in denen der Ausdruck vorkommt. *Unsere Preisgabe des Kausalismus* besteht in der *praktischen Entscheidung,* die Frage der Unterscheidung zwischen „bloßen Gründen" und „echten Ursachen" von der Aufgabe, den Erklärungsbegriff zu explizieren, abzutrennen und sie einem eigenen Untersuchungsgebiet zuzuweisen; die Aufgabe der pragmatischen Explikation des Erklärungsbegriffs wird dadurch darauf reduziert, den informativen Aspekt des Erklärungsbegriffs im Sinne von Kap. XI zu klären. *Die Preisgabe des Kausalismus durch von Wright,* in dem von ihm gebrauchten Wortsinn von „Kausalismus", beruht dagegen auf seiner *theoretischen Überzeugung,* daß für Erklärungen menschlicher Handlungen nicht das Schema (KS), sondern eine – allerdings in verschiedenen Hinsichten verbesserte – Version von (PS) angemessen sei.

VON WRIGHT verwirft den Kausalismus im gegenwärtigen Wortsinn, da er es nicht für richtig hält, daß angemessene Erklärungen menschlichen Handelns stets, oder auch nur meist, auf Gesetzesaussagen über den Zusammenhang von menschlichen Überzeugungen und Intentionen Bezug nehmen müssen. Vielmehr vertritt er die Auffassung, daß diejenigen Philosophen, welche sich für derartige Erklärungszwecke auf den praktischen Syllogismus berufen, *im Prinzip* Recht haben, allerdings deshalb bloß „im Prinzip", weil das Schema (PS) mangelhaft und verbesserungsbedürftig ist.

5. Erste Weise des erklärenden Verstehens.
Das intentionalistische Erklärungsschema

Bevor wir uns dieser Verbesserung zuwenden, kommen wir nochmals auf das Thema „Verstehen und Erklären" zurück. Den Ausgangspunkt bildet dabei die bereits in I,1, insbesondere auf S. 113 betonte Tatsache, daß die verschiedenen vorexplikativen Verwendungen von „erklären" eine *Begriffsfamilie* im Sinn von WITTGENSTEIN bilden (so daß man sich für das Folgende nicht einfach in der Weise „aus der Affäre ziehen" kann, daß man das Wort „erklären" als mehrdeutig bezeichnet). In den mittleren und späteren Schriften von WITTGENSTEIN stoßen wir z.B. häufig auf den Ausdruck „erklären". Für ihn stand dabei ein anderes Glied der Erklärungsfamilie im Vordergrund des Interesses als für uns, nämlich jenes, für das die folgende Wendung als paradigmatisch angesehen werden kann: „die Bedeutung eines Ausdruckes (Wortes, Satzes etc.) erklären". Die erfolgreiche Durchführung dieser Erklärungsleistung führt bei dem, der diese Erklärung verlangte, zu einem *Verstehen*. (Manche würden es hier und auch in den späteren Fällen vorziehen, von der Gewinnung eines *Verständnisses* zu sprechen. Doch um zu große sprachliche Komplikationen zu vermeiden, lassen wir es bei dem Gebrauch von „Verstehen" bewenden.)

VON WRIGHT erblickt nun für den Fall des Schemas (*PS*) eine Analogie. (Daß und wie dieses Schema verbessert werden muß, spielt für diese augenblicklichen Überlegungen keine Rolle.) Die Conclusio von (*PS*) ist in einer behavioristischen Sprechweise formuliert. In den beiden Prämissen werden dem Handelnden dagegen Absichten und Überzeugungen zugeschrieben. Insbesondere muß für die Gewinnung der ersten Prämisse nach dem früher Gesagten die Tätigkeit der Person *Y* als *I-intentional unter einer bestimmten Beschreibung* charakterisiert werden. Und wie wir weiter oben bereits feststellten, ist die Gewinnung einer solchen Beschreibung keine Trivialität, da unter mehreren und miteinander konkurrierenden korrekten Beschreibungen eine als die adäquateste ausgewählt werden muß. Dabei hängt die Adäquatheitsbeurteilung, wie wir uns erinnern, von logischen und empirischen Faktoren ab.

Die Deutung einer menschlichen Tätigkeit als I-intentional unter einer bestimmten Beschreibung ermöglicht es uns, das betreffende Verhalten *als ein bestimmtes Handeln zu verstehen*. Die Analogie zum Wittgensteinschen Fall besteht darin, daß beide Male ein *Verstehen* dadurch zustande kommt, *daß die Bedeutung von etwas erklärt wird,* im einen Fall die Bedeutung einer sprachlichen Wendung, im anderen Fall die Bedeutung einer Tätigkeit. Um den naheliegenden Einwand zu entkräften, daß diese Analogie doch etwas bei den Haaren herbeigezogen sei, lassen wir VON WRIGHT selbst zu Wort kommen. Auf S. 108 von [Verstehen] heißt es: „Intentionales Verhalten gleicht, so könnte man sagen, dem Gebrauch einer Sprache. Es ist eine Geste, mit der ich etwas meine. Gerade wie der Gebrauch und das Verstehen einer Sprache eine Sprachgemeinschaft voraussetzt, setzt das Verstehen einer Handlung eine Gemeinschaft von Institutionen, Praktiken und technologischen Einrichtungen voraus, in die man durch Lernen und Abrichtung eingeführt worden ist. Man könnte es vielleicht eine Lebensgemeinschaft nennen." Und, um den Kontrast dazu zu unterstreichen, fügt er hinzu: „Ein Verhalten, das uns völlig fremd ist, können wir nicht verstehen oder teleologisch erklären."

Dies dürfte zur Klärung der ersten Weise des erklärenden Verstehens im Sinne VON WRIGHTs genügen. Der entscheidende Punkt ist dabei der, daß sich die zum Verstehen führende Erklärung in beiden Fällen auf *institutionalisierte Regeln* beruft, im einen Fall auf die Regeln einer Sprachgemeinschaft, im anderen auf die einer Lebensgemeinschaft.

Das Thema „Erklären und Verstehen" bei VON WRIGHT ist damit bei weitem nicht erschöpft. Ansonsten hätten wir es gar nicht nötig, uns um Verbesserungsmöglichkeiten des praktischen Syllogismus zu kümmern. Denn alle eben angestellten Betrachtungen betreffen überhaupt nicht dieses Schlußschema, sondern ausschließlich die Gewinnung der ersten Prämisse dieses Schemas.

Wir gehen nun zur Verbesserung von (PS) über. In nicht weniger als fünf Hinsichten ist dieses Schema defekt: *Erstens* wäre es denkbar, daß Y zwar imstande ist, die für die Zielverwirklichung p notwendige Bedingung q zu realisieren, nicht jedoch eine hinreichende Bedingung für p (z.B. weil er eine solche gar nicht kennt oder weil er sie zwar kennt, aber nicht in die Tat umzusetzen vermag.) In allen solchen Fällen wäre das Schema ungültig. Das Wort „intendieren" muß daher in der ersten Prämisse so gedeutet werden, daß es ein ganz bestimmtes kognitives Element enthält, nämlich ein *Wissen* der Person Y darum, daß sie den Gegenstand ihrer Intention herbeiführen kann. Diese Ergänzung läßt sich nicht durch Hinzufügung einer weiteren Prämisse gewinnen, sondern nur durch eine dem Gebrauch des Schlußschemas vorangehende *neue Sinnexplikation* von „intendieren", wie dies eben geschehen ist. *Zweitens* muß, da das Objekt der Intention in der Zukunft liegt, explizit ein Zeitindex t eingeführt werden, so daß die Wendung „p zu verwirklichen" ersetzt wird durch „p zur Zeit t zu verwirklichen". *Drittens* gilt Analoges für q: Um zum Erfolg zu kommen, muß q (gewöhnlich) spätestens zu einem Zeitpunkt t' verwirklicht werden. *Viertens* darf Y weder diesen Zeitpunkt t' noch seine Intention vergessen. *Fünftens* müssen wir noch voraussetzen, daß Y in der Zwischenzeit nicht von der Realisierung seiner Intention abgehalten wird.

Aus (PS) entsteht somit das folgende Schema für *intentionalistische Erklärung*, abgekürzt: IE, mit drei Prämissen P_1 bis P_3 und der neuen Conclusio C:

(IE) P_1: Y intendiert von jetzt an, p zur Zeit t zu verwirklichen;

P_2: Y ist von jetzt an der Überzeugung, daß er p nur dann zur Zeit t verwirklichen kann, wenn er q nicht später als zur Zeit t' tut;

P_3: Y vergißt weder seine Intention noch die Zeit t'. Außerdem wird Y nicht davon abgehalten, q zu tun.

C: Daher schickt sich Y nicht später als zu der Zeit, da er t' als gekommen ansieht, an, q herbeizuführen.

Die Einsetzung von Namen für die in diesem Schema auftretenden Variablen (von Personen, Zeiten, Zielen) soll, zumindest dem Anspruch nach, zu einem Schluß führen. Sind es aber wirklich korrekte Schlüsse, die mittels derartiger Einsetzungen aus (*IE*) hervorgehen? Von Wright bringt in [Verstehen] auf S. 109 selbst ein Beispiel, welches dagegen zu sprechen scheint: Jemand hatte vor, einen Tyrannen zu erschießen. Er steht vor dem Unmenschen, zielt auf ihn mit geladenem Revolver. Aber nichts passiert. Medizinische Untersuchungen ergeben, daß er weder psychisch noch physisch behindert war. Er selbst weigert sich auch, zu gestehen, entweder seine Absicht aufgegeben oder seine Meinung über die Erfordernisse der Situation revidiert zu haben. Von Wright kommt zu dem Ergebnis: Die Notwendigkeit des praktischen Schlußschemas (*IE*) ist nur *eine ex post actu zu begreifende Notwendigkeit*.

Kritisch ist dazu folgendes zu sagen: Die Metapher „ex-post-actu-Notwendigkeit" kann nicht die Tatsache verschleiern, daß hier ein Gegenbeispiel zu der Behauptung geliefert worden ist, daß (*IE*) ein Schema für korrektes logisches Schließen darstellt. Ein solches liegt nämlich nur dann vor, wenn die Conclusio aus den Prämissen logisch folgt. Und eine logische Folgebeziehung ist nur dann gegeben, wenn *jede* Deutung, welche die Prämissen wahr macht, auch die Conclusio in eine wahre Aussage verwandelt. Das Beispiel des vorigen Absatzes verletzt diese Grundvoraussetzung für das Bestehen einer Folgebeziehung.

6. Die argumentative Rekonstruktion durch R. Tuomela

Zunächst soll kurz eine Deutung diskutiert werden, die Tuomela im Rahmen einer kritischen Auseinandersetzung mit von Wright entwickelt hat. Vorausgeschickt sei dabei, daß die in C von (*IE*) vorkommende Wendung „schickt sich an, . . ." nicht bloß im Sinn der *Entscheidung, q zu verwirklichen,* verstanden werden darf. Denn in diesem Fall würde das obige Schema nicht mehr liefern als eine Erklärung dafür, wie aus der in der ersten Prämisse beschriebenen Intention (bei Vorliegen der in den beiden anderen Prämissen angegebenen Zusatzbedingungen) die in C beschriebene Intention hervorgeht. Bei dieser Deutung wäre (*IE*) vermutlich korrekt und das Beispiel wäre *kein Gegenbeispiel*, da die dort erwähnte Person die Intention, den Tyrannen zu erschießen, bis zum Ende beibehielte. Eine solche Deutung entspräche aber ganz sicher nicht VON WRIGHTS Zielsetzung; denn er wollte das obige Schema für die Erklärung von *Handlungen* verwenden (und nicht bloß dafür, um zu zeigen, wie gewisse Intentionen aus anderen hervorgehen). Wir können somit davon ausgehen, daß in der Aussage C von einer Handlung oder vom Beginn einer Handlung die Rede ist.

TUOMELAS Überlegung geht dahin, daß der praktische Syllogismus ebenso wie seine verbesserte Variante (IE) ein qualitatives Korrelat zu den in der *Entscheidungstheorie* untersuchten Vorgängen darstellt. Allerdings geht man dort gewöhnlich von komplexeren Fällen aus: der Handelnde hat mehrere Ziele, ferner für jedes Ziel mehrere Möglichkeiten der Verwirklichung; er muß in beiden Fällen aufgrund von Präferenzen wählen; die Zielerreichung liegt nur mit einer bestimmten Wahrscheinlichkeit fest. (Neben den Wahrscheinlichkeiten werden auch die Wünschbarkeiten als quantifizierbar vorausgesetzt.) Diese Feststellung beinhaltet noch keine implizite Kritik am Vorgehen VON WRIGHTS, sondern lediglich einen Hinweis darauf, daß man sich bei der Benützung eines Schemas von der Art (IE) nur auf einen kleinen Teil derjenigen Probleme beziehen kann, die beim *rationalen menschlichen Deliberieren* auftreten.

Ernster zu nehmen ist der Einwand von TUOMELA, daß erst in diesem umfassenderen Rahmen die Notwendigkeit der Bezugnahme auf *rationale Entscheidungsprinzipien* deutlich wird, und daß zwischen verschiedenen Prinzipien dieser Art ein Konflikt bestehen kann (vgl. dazu oben **VI**,7.b und 7.c).

Der entscheidende Einwand TUOMELAS aber lautet, daß selbst bei Berücksichtigung aller erdenklichen Zusatzqualifikationen, die man sich in Analogie zu P_3 in einer eigenen Prämisse zusammengefaßt vorstellen kann, der Schluß erst dann gültig wird, wenn in die Prämissen eine allgemeine Aussage mit aufgenommen wird (der Index „?" in der Bezeichnung dieser Aussage soll andeuten, daß die Natur dieses Satzes zunächst unentschieden bleibt; die beiden in Frage kommenden Möglichkeiten werden weiter unten erörtert):

($G_?$)   *Für jeden Handelnden Y, für jede Intention p und jede Handlung q von Y sowie für jede Zeit t und jede Zeit t' gilt: Wenn Y von jetzt an intendiert, p zur Zeit t zu realisieren und glaubt, daß es dafür notwendig ist, q nicht später als t' zu tun, und wenn zwischen jetzt und t' „normale Bedingungen" herrschen, dann wird sich Y nicht später als zu der Zeit, da er t' als gekommen betrachtet, anschicken, q herbeizuführen.*

Was hat diese Aussage für einen erkenntnistheoretischen Status? Nach TUOMELA gibt es nur zwei Möglichkeiten: Entweder es handelt sich bei diesem Gesetz um eine *analytische* Aussage (G_a) (das „?" ist hier durch den Anfangsbuchstaben von „analytisch" ersetzt worden). Dann ist es zwar richtig, daß im so verbesserten und ergänzten intentionalistischen Erklärungsschema *keine empirischen Gesetzeshypothesen* benützt werden. Aber dies wurde damit erkauft, daß das Schema überhaupt nicht von realen menschlichen Wesen, sondern von *idealisierten rationalen Wesen* handelt. Will man mit dem Schema das Handeln *wirklicher Personen aus Fleisch und Blut* erklären, so werden alle Prämissen empirische Aussagen; insbesondere wird aus (G_t) eine *generelle empirisch-hypothetische Gesetzesaussage* (G_e) (der Index „*e*" steht jetzt für den Anfangsbuchstaben von „empirisch").

Es dürfte bereits klar geworden sein, worauf diese Rekonstruktionsmöglichkeit hinausliefe: (G_e) ist eine verbesserte Fassung von (KS) (3^*) aus Abschn. 4, also ein *Ducasse-Satz*. Die Gegenüberstellung der beiden Traditionen, der aristotelischen und der galileischen, wäre unter dem nichthistorischen Gesichtspunkt *de jure* hinfällig; denn die intentionalistische Position ließe sich nicht mehr als eine verbesserte Variante des praktischen Syllogismus, sondern nur mehr als eine Variante des Subsumtionsmodells der Erklärung auffassen. Mit einem Wort: Die Verfechter des praktischen Syllogismus müßten vor dem H-O-Schema der Erklärung kapitulieren.

7. Nichtargumentativer Rekonstruktionsversuch

Wir wollen uns jetzt nach einer anderen Deutungsmöglichkeit der von Wrightschen Betrachtungen umsehen. Dies wird nicht nur dadurch nahegelegt, daß wir mit dem Gedanken des *verstehenden Erklärens* in den ersten drei Absätzen von Abschn. 5 bereits einen erfolgversprechenden ersten Ansatz lieferten. Ein zusätzliches Motiv für die Suche nach einer Alternativlösung liegt darin, daß Sätze von der Gestalt (G_e) als empirisch überprüfte, fundierte und von kompetenten Fachleuten akzeptierte Hypothesen kaum zur Verfügung stehen. Ihre Gewinnung mag heute das Ziel von Forschungsprogrammen sein; ein derartiges Programm ist aber kaum jemals zu einem bereits verwirklichten Ziel geworden.

Doch um hier kein Mißverständnis auftreten zu lassen, wollen wir für den Augenblick fingieren, Ducasse-Sätze von der Gestalt (G_e) stünden – evtl. in probabilistisch abgeschwächter Gestalt – zur Verfügung und könnten in die Prämissen erklärender Argumente aufgenommen werden. Dann gäbe es „kausalistische" Erklärungen menschlichen Handelns. Dies wäre jedoch damit verträglich, daß daneben und unabhängig davon ein erklärendes Verstehen im Sinn von Abschn. 5 existiert. (Es sei nochmals daran erinnert, daß dieser letzte Begriff unabhängig von und vor der Diskussion der Gültigkeit des praktischen Syllogismus eingeführt worden ist.) Wenn man bedenkt, daß für die Gewinnung eines erklärenden Verstehens ein und dasselbe Verhalten auf verschiedene Weise als intentionales Handeln gedeutet werden kann und daß die Auswahl der adäquatesten Bedeutung vom Zusammenspiel zahlreicher empirischer Überlegungen sowie Untersuchungen von Bedeutungsimplikationen abhängt, dann dürfte es berechtigt sein, das

Resultat einer derartigen Untersuchung als *intentionale Tiefenanalyse* zu bezeichnen. Und für diese können wir nun die folgende *Verträglichkeitsthese* formulieren: Eine „kausalistische" intentionale Erklärung einer Handlung im Sinn von TUOMELA ist *verträglich* damit, daß diese Handlung den Gegenstand verstehenden Erklärens bildet, welches zu einer intentionalen Tiefenanalyse dieser Handlung führt. Da Intentionen Bestandteile von Motiven und Motive nach üblicher Sprechweise *Ursachen* von Handlungen sind, ist die Beibehaltung des Ausdruckes „erklären" innerhalb von „verstehendes Erklären" sogar vom kausalistischen Standpunkt aus berechtigt! Diese Ursachen sind allerdings keine Ursachen im Humeschen Sinn.

Es geht jetzt nur noch um die Frage, ob und wie dieser erste Schritt einer Analyse ergänzt und bereichert werden kann, ohne daß die Verträglichkeitsthese fallengelassen werden müßte. Dies ist in der Tat möglich, allerdings nur, wenn dafür ein Preis bezahlt wird: *Der Gedanke, daß das alternative Erklärungsmodell ein argumentatives Modell bildet, muß fallengelassen werden.* Es handelt sich dabei um den Verzicht auf einen Aspekt, in dem VON WRIGHT selbst dem Subsumtionsmodell verpflichtet blieb: Er faßte Erklärungen als *Argumente* auf; „Erklärung" und „erklärendes Argument" sind für ihn, ebenso wie für HEMPEL und OPPENHEIM, Synonyma. Gerade auf diese Annahme aber müssen wir verzichten. (Sie ist übrigens auch inzwischen in anderen Zusammenhängen preisgegeben worden. So hat z.B. W. SALMON eine Theorie der statistischen Erklärung zu entwickeln versucht, wonach derartige Erklärungen *keine Argumente* sind. Diese Theorie wird in Bd. IV, 2. Halbband, geschildert, präzisiert und kritisiert; der betreffende Teil kann unabhängig vom vorangehenden gelesen werden. Eine knappe Schilderung findet sich innerhalb dieses Buches im zusammenfassenden Abschn. 5 von **XI**.)

Dasjenige Glied aus der Familie der Erklärungen, an welches wir an dieser Stelle anknüpfen, wird am besten durch ein Beispiel von der Art illustriert, wo wir jemanden ersuchen, sein Verhalten zu erklären, welches uns als seltsam oder sogar als rätselhaft erscheint. Die *Erklärung* wird in den meisten Fällen darin bestehen, daß der Befragte auf seine *Verpflichtungen* verweist und/oder auf seine uns unbekannt gewesenen *Präferenzen*, also auf das, was man auch „die Ordnung seiner nichtmoralischen Werte", einschließlich seiner grundsätzlichen Einstellung zum Leben nennen könnte. (Im Grenzfall kann diese Erklärung in einer rein moralischen Rechtfertigung bestehen, wie es ja auch häufig der Fall ist, wenn wir jemandem die Frage vorlegen: „*Warum hast Du das getan?*"). Was wir durch diese Erklärung gewinnen, ist nicht das Begreifen der Wirksamkeit eines kausalen Mechanismus, sondern *ein Verstehen eigener Art*. Vor allem der erste Aspekt: die Berufung auf Verpflichtungen ist von besonderem Interesse und wird durch all das nahegelegt, was VON WRIGHT vor allem in [Study of Man] über *ungeschriebene Gesetze und Konventionen*, über den Menschen *als Rolleninhaber* und über den gesellschaftlichen *normativen Druck* geschrieben hat. Durch Einblick in diese, das Verhalten eines Menschen de facto determinierenden Normen lernen wir sein Handeln verstehen; vielleicht wird es jetzt überhaupt erst verständlich.

Wenn es sich um ein lebendes Mitglied meiner Gesellschaft handelt, besteht keine prinzipielle Schwierigkeit, zu dieser Erkenntnis zu gelangen. Man kann die betreffende Person befragen und die Erklärung oder, wie man hier synonym sagen kann, *die Begründung für ihr Verhalten* abwarten. Im Fall einer längst verstorbenen historischen Persönlichkeit, die in einer von der unsrigen verschiedenen kulturellen Umwelt lebte, ist dies nicht möglich. Hier muß die historische Forschung nachträglich das zutage fördern, was wir bezüglich eines Zeitgenossen durch direkte Befragung herausfinden können. Die Untersuchungen werden sich u. U. als sehr schwierig erweisen, zumal sie, gemäß den beiden oben angedeuteten Aspekten, doppelgleisig verlaufen müssen. Auf der einen Seite wird man die damals faktisch geltenden Normen und bestehenden Institutionen genau studieren müssen, ebenso die Faktoren, welche die fragliche Person in dieser gesellschaftlichen Umwelt einnahm, um *das an sie gerichtete Ansinnen* und *die ihr auferlegten sozialen Verpflichtungen* zu verstehen. Auf der anderen Seite wird es erforderlich sein, in *das System von Präferenzen jener Person* tiefer einzudringen. Es könnte ja sein, daß sie, wie etwa der römische Kaiser Marc Aurel, ungeachtet ihrer sozialen Rolle, eine ganz andere Einstellung zu den Lebensaufgaben, zu dem, was im Leben wichtig oder unwichtig ist sowie zu den Pflichten gegenüber den Mitmenschen hatte als die Majorität der damals Lebenden.

Was auf diese Weise eruiert werden kann, ließe sich mit Hilfe eines irrealen Konditionalsatzes formulieren: Was *hätte* die fragliche Person, wenn sie nach den Gründen für eine bestimmte Handlung gefragt worden *wäre*, für eine Antwort gegeben, vorausgesetzt natürlich, sie wäre erstens ehrlich und zweitens selbst über ihre Rolle, ihre Präferenzen und ihre Lebenseinstellung nicht im Unklaren gewesen. Da wir über alles, was in der Vergangenheit liegt, nur Hypothesen entwerfen können – insbesondere, wenn es sich entweder um die damaligen ungeschriebenen Gesetze oder um eine Intimsphäre handelt –, könnte man die historische Erkenntnisleistung eine *hypothetische Begründung* nennen, und das, was sie liefert, ein *historisch-normatives Verstehen* (das Attribut „historisch" deshalb, weil es sich ja nicht um die „nach heutiger Auffassung" geltenden Normen, sondern um die von der damaligen Gesellschaft und der betreffenden Person *akzeptierten* Normen handelt). Dieses historisch-normative Verstehen *überlagert* diejenige grundlegendere Form des Verstehens, welche durch die intentionale Tiefenanalyse geliefert wird. Wenn wir das im Zusammenhang mit der intentionalen Tiefenanalyse eingeführte Verstehen ein *erklärendes Verstehen im engeren Sinn* nennen, können wir das Resultat dieser Überlagerung von erklärendem Verstehen (i.e.S.) und von normativem Verstehen, welches den empirischen Weg über eine hypothetische Begründung nimmt, als *erklärendes Verstehen im weiteren Sinn* bezeichnen.

Da es in den beiden Fällen letztlich doch wieder um die Intentionen der Einzelpersonen geht – denn auch im eben erwähnten normativen Fall muß ja ein Prozeß der *Internalisierung der Normen* durch die Personen vollzogen worden sein –, könnte man auf den Ausdruck VON WRIGHTS zurückgreifen und das erklärende Verstehen im weiteren Sinn als *intentionalistisches Erklären* bezeichnen – jetzt allerdings ohne Berufung auf das Schema (*IE*)! Ebenso können die dadurch zutage geförderten Motive als *Ursachen* der Handlung bezeichnet werden; VON WRIGHT spricht aus Abgrenzungsgründen von *nicht-Humeschen Ursachen.*

8. Historische Erklärung und funktionales Gesamtverständnis

Alles, was bisher über nichtkausales Erklären und Verstehen von Handlungen gesagt wurde, bezog sich auf individuelle Handlungen, d.h. auf Handlungen von Einzelmenschen. Der Historiker hat es daneben und vermutlich häufiger nicht mit individuellen, sondern mit *kollektiven Handlungen* zu tun. Wie VON WRIGHT durch eine Reihe von Beispielen überzeugend darlegt, dürfte es ein hoffnungsloses Unterfangen sein, ein kollektives Handeln *als ein Handeln bestimmter Art* dadurch zu verstehen, daß man die individuellen Handlungen der Personen, die daran beteiligt sind, korrekt interpretiert. Und zwar wird dies in der Regel nicht einmal dann gelingen, wenn uns für die individuellen Tätigkeiten ein erklärendes Verstehen im weiteren Sinn zur Verfügung steht. Wenn ich z.B. sehe, wie eine Menschenmenge, schreiend und Gegenstände schwingend etc. in derselben Richtung durch die Straßen zieht, so kann ich zu einer korrekten intentionalistischen Deutung der individuellen Elemente dieser Menge gelangt sein, aber trotzdem noch immer nicht wissen, ob es sich um eine *Demonstration*, ein *Volksfest*, einen *Aufruhr*, eine *religiöse Prozession* oder den *Beginn eines Bürgerkrieges* handelt. Um dasjenige, was hier als *kollektive* Handlung bestimmter Art passiert, richtig zu erfassen, ist ein *Verstehen zweiter Stufe* erforderlich. Eine genauere Analyse dieses Begriffs müßte zusammen mit einer Detailuntersuchung der Natur der relevanten kollektiven Handlungstypen und menschlichen Institutionen erfolgen. VON WRIGHT beansprucht nicht, eine derartige Untersuchung durchgeführt zu haben. Es ist dies im gegenwärtigen Kontext auch gar nicht notwendig. Es genügt, sich klarzumachen, daß man auch auf höherer Stufe die zwei Weisen des erklärenden Verstehens im engeren und im weiteren Sinn unterscheiden kann und daß man dadurch zu einer *intentionalistischen Erklärung zweiter Stufe* gelangt, abermals mit der kritischen Revision des VON WRIGHT-schen Ansatzes versehen, nämlich einer Preisgabe der Berufung auf das Schema (*IE*).

Die Stufenfolge läßt sich weiterführen; denn bestimmte kollektive Tätigkeiten können ihrerseits die Elemente kollektiver Handlungen bilden. Und
dadurch ergibt sich die Möglichkeit, beim Verstehen höherer Ordnung, also
bei den intentionalistischen Erklärungen kollektiver Handlungen *verschiedene
Tiefenschichten* zu unterscheiden. Was sich nach einer ersten, durchaus
korrekten Analyse als religiös-reformatorische Bewegung oder als ein Reli-
gionszwist darstellt, kann sich bei tieferem Einblick in die Ursachen als Kampf
um eine Landreform oder als Klassenkampf erweisen, der wiederum seinen
Ursprung in sozialen Ungleichheiten hat, die z. B. ihrerseits durch eine
Veränderung der Produktionsmethoden hervorgerufen worden sind.

In Analogie zum Gebrauch von „Humesche Ursachen" und „nicht-
Humesche Ursachen" nennen wir Erklärungen, die sich auf allgemeine
Regularitäten stützen, Erklärungen im Sinn von HUME oder *Humesche
Erklärungen*, dagegen Erklärungen im hier rekonstruierten Sinn *nicht-Humesche
Erklärungen*. VON WRIGHT leugnet nicht, daß Kausalerklärungen im Humeschen Sinn in den Geschichtswissenschaften einen Platz haben. Seine These
lautet, daß historische Erklärungen häufig Mischformen beider Typen sind,
wobei für den Historiker *qua Historiker* der Humesche Bestandteil von
geringem Interesse ist, während nicht-Humesche Erklärungskomponenten
für ihn im Vordergrund des Interesses stehen. Wenn z. B. ein Archäologe
feststellt, daß eine antike Stadt zu einer bestimmten Zeit zerstört worden sein
muß, so kann es eine naturwissenschaftliche Streitfrage sein, ob diese
Zerstörung durch ein Erdbeben oder durch eine Überschwemmung hervorgerufen wurde. Dem Geschichtsforscher kann es gleichgültig sein, wie dieser
Streit ausgeht. Selbst wenn die Stadt von Menschen zerstört worden sein
sollte, ist dies nicht *als Humesche Ursache* (für den Einsturz von Häusern, das
Zusammenbrechen von Türmen und Mauern usw.) von Interesse, sondern
nur deshalb, weil es ihn dazu führen kann, die Gründe oder Ursachen im *nicht-
Humeschen Sinn* für die fragliche Aggresssion zu erforschen. Ein Verstehen
höherer Stufe im oben skizzierten Sinn kan ihn dazu führen, diese Gründe in
einer bestimmten Art von politischer Rivalität zwischen den beiden Städten zu
erblicken. Ebenso kann es für ihn interessant sein, die nicht-Humeschen
Wirkungen der Zerstörung zu untersuchen, wie etwa den wirtschaftlichen
Niedergang der Umgebung der zerstörten Stadt. Die ganze historische
Erklärung enthält dann drei Bestandteile: eine nicht-Humesche Ursache
(Rivalität der Städte) eines Vorganges, der zu einer Humeschen Wirkung
(Zerstörung der Stadt) führte, die schließlich in eine nicht-Humesche
Wirkung (Veränderung im Wirtschaftsleben der Gegend) einmündete.

Da wir hierbei stets den zweiten Rekonstruktionsversuch der von
Wrightschen Gedankengänge verwenden, müssen wir die folgenden beiden
Modifikationen vornehmen: Erstens können wir die nicht-Humeschen Ursachen nicht als Prämissen praktischer Schlüsse benützen, sondern nur als nicht
argumentativ verwendbare Objekte erklärenden Verstehens. Zweitens müs-

sen wir gemäß der Verträglichkeitsthese die Möglichkeit offen lassen, daß denjenigen Komponenten einer historischen Erklärung, die mit nicht-Humeschen Ursachen arbeiten, eine kausalistische Erklärung vom argumentativen Typ an die Seite gestellt wird.

Es kann im konkreten Fall schwierig sein zu entscheiden, welche Art von historischer Erklärung dem betreffenden Forscher vorschwebte. K. MARX hat zweifellos eine kausalistische Auffassung vertreten, da nach ihm jeder gesellschaftliche Wandel, einschließlich aller Änderungen in der sog. „geistigen Sphäre", gesetzmäßig durch Veränderungen technologischer Art hervorgerufen wird. Von MAX WEBER wird behauptet, daß er durch seine religionssoziologischen Untersuchungen u.a. auch MARX zu widerlegen versuchte. Gleichzeitig wird WEBER als einer der prominentesten Vertreter einer Verstehenstheorie angeführt. Wir behaupten, daß nicht beide Interpretationen richtig sein können, sofern die hier zugrunde gelegte Skizze einer Theorie des Verstehens prinzipiell akzeptiert wird. Von einer Widerlegung von MARX könnte nämlich erst dann die Rede sein, wenn sich Weber ausdrücklich oder stillschweigend auf *Gesetzmäßigkeiten* berufen hätte, die mit dem von MARX akzeptierten Prinzip in Konflikt stehen, z.B. auf Gesetze, wonach bestimmte religiöse Überzeugungen zu genau umreißbaren Formen des Wirtschaftslebens führen. MAX WEBER wäre dann so zu deuten, daß er den argumentativen Teilen seiner Ausführungen Sätze von der Gestalt der „modifizierten Ducasse-Sätze", etwa von der Art des in Abschn. 6 erwähnten Gesetzes (G_e) gemäß TUOMELA, zugrunde legte. Würde diese Deutung zutreffen, dann wäre es gänzlich irreführend, WEBER als Proponenten einer historischen Verstehenstheorie zu bezeichnen.

Vielleicht aber ist er wirklich als Vertreter einer derartigen Theorie zu interpretieren. Wenn wir uns aus Einfachheitsgründen auf das Verstehen erster Stufe, also auf das Verstehen von individuellen Handlungen beschränken, so könnten seine für unser Thema relevanten Überlegungen in dem berühmten Aufsatz über die protestantische Ethik und den Geist des Kapitalismus, etwas vereinfacht, folgendermaßen charakterisiert werden: Hätte man bei einem jungen calvinistischen Unternehmer eine Analyse mit dem Ziel vorgenommen, zu einem erklärenden Verstehen im engeren wie im weiteren Sinn zu gelangen – gegebenenfalls statt durch offene Befragung durch Befragung unter Hypnose oder unter Heranziehung psychoanalytischer Methoden –, so hätten wir ein neues Verständnis seines maßlosen Strebens nach Gelderwerb gewonnen, welches frei war von jeglichem hedonistischen Nebenzweck. Es wäre zutage getreten, daß er streng an die göttliche Gnadenwahl sowie auch daran glaubte, daß sich das Auserwähltsein bereits in diesem Leben als Erfolg ökonomischer Leistungen manifestieren müsse, da nach seiner Überzeugung das Diesseits nur dem Ruhm und der Selbstverherrlichung Gottes dient. Damit würden wir das uns zunächst irrational erscheinende Gehaben jenes Unternehmers verstehen, ohne an eine „einschlägige Gesetzmäßigkeit" appelliert zu haben. *Und entsprechend der Verträglich-keitsthese wäre eine derartige Einsicht mit dem Marxschen Konzept vereinbar.* Es bleibe dem Leser überlassen, sich dies im einzelnen klarzumachen. (Hinweis: Was immer durch intentionale Tiefenanalyse und hypothetische Rechtferti-gung zutage gefördert werden mag, es sagt nichts aus über den kausalen Mechanismus der Entstehung der fraglichen Überzeugungen und Wertvor-stellungen.)

Wir kehren jetzt zu unserem systematischen Thema zurück, obwohl wir die Theorie der statistischen Erklärung von W. SALMON erwähnen, die scheinbar mit diesem Thema nichts zu tun hat. (Diese Theorie ist genauer geschildert in Bd. IV, zweiter Halbband, Abschn. 4; im gegenwärtigen Zusammenhang sind nur die beiden Unterabschnitte 4.b und 4.c, S. 339—350, von Bedeutung; vgl. auch hier **XI**,6.) Die formale Gemeinsamkeit mit unserer Rekonstruktion der Gedanken von WRIGHTS besteht darin, daß SALMON eine *nicht-argumentative* Explikation des statistischen Erklärungsbegriffs versucht. Er geht dabei davon aus, daß zusätzlich zum Explanandum Ga eine singuläre Aussage Fa und ein grobes statistisches Gesetz von der Gestalt $p(G,F)=q$ zur Verfügung stehen. Durch relevante Unterteilung von F gelangt man zu einer Reihe weiterer statistischer Gesetze und greift dasjenige heraus, zu dessen Bezugsklasse, etwa F_i, das Individuum a gehört. Das Resultat dieses Vergleichs macht nach SALMON den Kern einer statistischen Erklärung aus. Nun kann jedoch, was SALMON zunächst übersehen hat, das paradoxe Resultat eintreten, daß die Wahrscheinlichkeit $p(G,F_i)=r$ kleiner ist als die Ausgangs-wahrscheinlichkeit q. Dann würde man auf die Frage, warum a das Merkmal G besitzt, die *widersinnige* Antwort geben müssen: Dies sei deshalb der Fall, weil a die Eigenschaft F_i besitzt, welche es weniger wahrscheinlich macht, daß a auch G ist. Widersinnig ist dies deshalb, weil sinkende Wahrscheinlichkeit doch offenbar kein Erklärungsgrund für ein Ereignis sein kann. Während somit die von SALMON geschilderte Methode nicht zu Erklärungen bestimmter singulä-rer Ereignisse führt, kann man dennoch den Ausdruck „erklären" beibehal-ten, sofern man sich entschließt, auf ein anderes Glied aus der Begriffsfamilie *Erklären* zurückzugreifen. Diesmal handelt es sich um solche Fälle, in denen wir jemandem das *Funktionieren eines Mechanismus* erklären und ihm dadurch ein *Verständnis* für diesen Mechanismus vermitteln.

In analoger Weise können die verschiedenen Formen des erklärenden Verstehens zusammenwirken und uns ein *funktionales Gesamtverstehen* ermögli-chen. Es ist dabei wichtig, genau zu erkennen, wo eine Analogie zu dem von SALMON betrachteten Fall vorliegt und wo keine besteht. In beiden Fällen, bei SALMON wie auch in der von Wrightschen Theorie gemäß unserer Rekon-struktion, liegt ein *nicht-argumentatives Erklären* vor. (Die Bezugnahme auf die in Abschn. 7 vorgeschlagene spezielle Rekonstruktion ist wesentlich; denn gemäß der ursprünglichen Konzeption sollte ja ein auf das Schema (*IE*) gestützter praktischer Schluß, also ein Argument, vorliegen.) Dagegen nimmt

SALMON auf (statistische) Gesetze Bezug, während in der Theorie von WRIGHTS empirische Gesetze keine Rolle spielen.

Das Zusammenspiel der verschiedenen Weisen des erklärenden Verstehens wird nicht eine Ausnahme bilden, sondern den Normalfall darstellen: Ein Geschichtsforscher wird in seinen Erklärungen die Handlungen historischer Persönlichkeiten gewöhnlich nicht isoliert betrachten, sondern eingebettet in und verzahnt mit bestimmten kollektiven Handlungen (Parlamentsbeschlüssen, zum Umsturz bereiten Massen, Kabinettsentscheidungen etc.). Dann muß er zunächst die Tätigkeit jener Persönlichkeit *als Handlung* bestimmter Art adäquat beschreiben, wozu eine intentionale Tiefenanalyse oder ein erklärendes Verstehen erster Art notwendig ist. Hinzutreten muß ein historisch-normatives Verstehen, noch immer bezogen auf das fragliche Einzelindividuum. Schließlich müssen Akte des Verstehens zweiter oder noch höherer Stufe hinzukommen, um auch die beteiligten Institutionen und sozialen Gebilde in die Gewinnung eines Verständnisses mit einzubeziehen. Da es sich bei jedem dieser Schritte um nicht-argumentative Erklärungskomponenten handelt, fügen sich diese zu einer nicht-argumentativen historischen Erklärung zusammen, deren Produkt ein funktionales Gesamtverstehen ist. Ein anschauliches Beispiel für die Gewinnung eines derartigen komplexen Verständnisses liefert von WRIGHT in seiner Schilderung der Ursache für den Ausbruch des Ersten Weltkrieges in [Verstehen] auf S. 127—131.

Bibliographie

ANSCOMBE, G. E. M., *Intention*, Oxford 1957.

DENNETT, D. C. [Brainstorms], *Brainstorms. Philosophical Essays on Mind and Psychology*, Hassocks 1978.

FØLLESDAL, D., „Hermeneutics and the Hypothetic-Deductive Method", *Dialectica* Bd. 33 (1979), S. 319—336.

FØLLESDAL, D., „Explanation of Action", in: R. HILPINEN (Hrsg.), *Rationality in Science*, Dordrecht 1980, S. 231—247.

VON KUTSCHERA, F., *Grundfragen der Erkenntnistheorie*, Kap. 2: *Verstehen*, Berlin–New York 1982.

MAREK, J. C., *Intentionalität und Kausalität*, Diss. Graz 1979.

MORAVCSIK, J. M., „Understanding", *Dialectica* Bd. 33 (1979), S. 201—216.

MEGGLE, G., „Eine Handlung verstehen", in: K.-O. APEL, J. MANNINEN und R. TUOMELA (Hrsg.), *Neue Versuche über Erklären und Verstehen*, Frankfurt a. M. 1978, S. 234—263.

STEGMÜLLER, W., „Walther von der Vogelweides Lied von der Traumliebe und Quasar 3C273. Betrachtungen zum sogenannten Zirkel des Verstehens und zur sogenannten Theorienbeladenheit der Beobachtungen", in: W. STEGMÜLLER, *Rationale Rekonstruktion von Wissenschaft und ihrem Wandel*, Reclam Stuttgart 1979.

STEGMÜLLER, W. [Gegenwartsphilosophie II], *Hauptströmungen der Gegenwartsphilosophie*, Band II, 6. Aufl. Stuttgart 1979.

TUOMELA, R., *Human Action and its Explanation*, Dordrecht 1977.

TUOMELA, R., „Erklären und Verstehen menschlichen Handelns", in: K.-O. APEL, J. MANNINEN und R. TUOMELA (Hrsg.), *Neue Versuche über Erklären und Verstehen*, Frankfurt a. M. 1978, S. 30—58.

VON WRIGHT, G. H., *Explanation and Understanding*, London 1971.

VON WRIGHT, G. H. [Verstehen] *Erklären und Verstehen* (deutsche Übersetzung von *Explanantion and Understanding*), Frankfurt a. M. 1974.

VON WRIGHT, G. H., „Determinism and the Study of Man", in: J. MANNINEN und R. TUOMELA (Hrsg.), *Essays on Explanation and Understanding*, Dordrecht 1976, S. 415—435.

VON WRIGHT, H. H., „Erwiderungen", in: K.-O. APEL, J. MANNINEN und R. TUOMELA (Hrsg.), *Neue Versuche über Erklären und Verstehen*, Frankfurt a. M. 1978, S. 264—302.

VON WRIGHT, G. H., „A Note on a Note on Practical Syllogisms", Erkenntnis Bd. 14 (1979), S. 355—357.

VON WRIGHT, G. H., *Freedom and Determination*, Acta Philosophieca Fennica Bd. 31, Amsterdam 1980.